大学生のための
ビジュアル・リテラシー入門

原木万紀子

keiso shobo

目次

目次

序章

"A picture is worth a thousand words"
複雑もしくは複数の見解は、言葉による説明よりも1枚の画によって効果的に意味や本質を伝えることができる。

日本でもお馴染み〝百聞は一見に如かず〟と同義の英語のことわざである。一見する、すなわち〝見る（もしくは観る）〟行為が成立するには、多くの見る対象が存在するだけでなく、〝見る〟そのもののプロセスを選択することも重要である。実際に身体を移動させ現物を肉眼で見る行為だけでなく、テレビや映画など加工された映像を見る行為、写真やイラスト等の、他者のアウトプットを通して対象を見る行為、現象として存在しているが、目視で捉えられない対象をグラフ等で見る行為、そして目の前に存在はしないが心の中で像を思い浮かべ心象を見る行為など。自身が見たい対象や状況に応じ、〝見る〟そのもののプロセスは複数存在しうる。

この多様な見るプロセスが存在する背景には、数多の見る対象の存在が関係している。本書では、現物そのものをはじめ、写真や映像、グラフ、ピクトグラム、心象等も含め、文字ではない視覚情報の総称を、〝ビジュアル〟と称し、ここではその利点と課題について掘り下げて行く。

ビジュアルになり得る対象は、テクノロジーの進歩と共に増加していると言っても過言ではない。例えば絵画作品であれば現物は1点しか存在しないため、現物のビジュアルを見るには、その所蔵場所まで自身が移動する必要が生じる。しかし、現物を写真に収めた電子データ、すなわち2次ビジュアルがあれば、所蔵先に足を運ぶことなくインターネット等を介し作品を見ることが可能となる。さらに2次ビジュアルを使って、その画像を印刷物として大量に複製することも可能であり、印刷された3次ビジュアルを見る行為も作品を見る行為に他ならない。ゆえに我々は、テクノロジーの進歩によって現物だけでなく、現物から生成された2次、3次そしてn次のビジュアルを通して、作品を見る行為を行うことができるのである。これまで移動や、場所や時間によって制約されていた見るという経験は、以前よりも時間的・労力的コストをかけずに行える行為へと変化を遂げたとも言えよう（もちろん、見るという言葉で括ることで、個別に異なる経験の意味を矮小化しかねないため、全ての見る行為が同じ経験を伴うわけではない点は留意したい）。

加えて、より多くのｎ次ビジュアルが見る対象として蓄積、すなわち映像や画像等としてアーカイブされることで、蓄積されたそれらがコミュニケーションにおいて重要な役割を担いつつあるのも現代社会におけるビジュアルの特徴的な点としてあげられよう。特にインターネットがもたらした影響は大きく、蓄積されたそれらが新たなビジュアルコミュニケーションの型を形成するなど、ビジュアルを介したコミュニケーションは今や多様化しており、中でも〝インターネットミーム〟はその一例として該当するだろう。

インターネットミームのコミュニケーション作用に言及する前に、〝ミーム〟という言葉の派生について言及する。ミーム（meme）とは、イギリスの生物学者クリントン・リチャード・ドーキンス（Clinton Richard Dawkins, 1941-）が、ギリシャ語の mimēma-〝模倣されるもの〟を改変して作った造語であり、１９７６年に彼が執筆した書籍、*The Selfish Gene*（邦題『利己的な遺伝子』）では、アイデアがどのように複製、突然変異し、進化するのかを説明するためにミームの語が使用された(1)。書籍が発行された当初、ミームはインターネット上のコミュニケーション手法を表す語ではなかったが、１９９３年にインターネットの文脈で初めて使用されて以降、パロディや、リミックス、マッシュアップを施すことで、言及した文脈に対しユーモアを誘発させるインターネット上の創造物の意として、当初のミームが持つ言葉の範囲を超え、使用されている(2)。

実際のミームの例は多様である。例えば、あるドラマやアニメの印象的なシーンの画像を取り上げ、シーンと異なる文脈の文字情報やビジュアルを付してインターネット上に投稿することで、実

図１[4]

際のシーンの文脈および追加した文脈との混ざり合いを閲覧者が見て楽しみ拡散する、といった一連の行為の流れがインターネットミームのコミュニケーションに内包される（日本で言うところの、画像を使った大喜利に近いかと思われる）。そのため、多くの人々によって創造・拡散されたインターネットミームは、元々のビジュアルが持つ意味合いだけでなく、ミーム独自の意味を含んで、他者へと広がっていくのである[3]。

ミームとして度々使用される有名な画像の一つに、Distracted boyfriend（図１）がある。男性が連れ合いの女性と歩いている際、すれ違った見知らぬ魅力的な女性に気を取られ、連れ合いの女性が不快な表情を見せる様子が映されており、インターネットやマスメディア等で様々な用語を付され、複雑な三角関係を示す際に度々用いられている。

例えば、２０１０年代以降の米国における複雑な政治的状況を表すためにもこの画像が用いられ、コミュニケーションツールとしての役割を果たしている。リーマンショックを含めた２００８年の金融危機以降、米国ではとりわけ、資本主義による利益追求が永続的なものではなく、人々の格差を生む根源であるとする認識が広がりを見せ始めている。拡大し続ける格差是正のため、一部の人々、特にミレニアル世代（Millennials. １９８０年代前半から１９９０年代後半もしくは２０００年代前半に生まれた世代の総称）(5)の人々の中で社会主義を支持する層が増加しており(6)、近年の米国における様々な選挙戦からもその片鱗を伺い知ることができる。

２０１６年、そして２０２０年のアメリカ大統領選挙の予備選挙に民主社会主義（Democratic socialism）を掲げて立候補した、〝バーニー〟バーナード・サンダース（Bernard "Bernie" Sanders, 1941-）上院議員はその一例としてあげられよう。彼は、米国における医療制度体制や教育体制などの社会生活の基盤となる部分に、人々の格差を広げている課題が存在すると捉え、国民皆保険制度の実施や、高等教育の授業料無料化、有給育児休暇等の実施を提唱し(7)、大統領選の民主党予備選挙では、格差の苦しみの渦中にいる多くの若者からの支持を得る結果となった。さらに、同じく民主社会主義を掲げ、史上最年少で下院議員となったアレクサンドリア・オカシオ＝コルテス（Alexandria Ocasio-Cortez: AOC, 1989-）もまた、ミレニアル世代から絶大な支持を得るなど(8)、社会主義が米国政治において、大きなうねり、転換期を予測させるムーブメントとなっているのである。

こうした状況を表すために用いられたのが、先のDistracted boyfriendである。男性に〝若者〟というラベルを、連れ合いの女性に〝資本主義〟というラベルを、そしてすれ違った女性に〝社会主義〟というラベルを張り（ビジュアルにテキストを貼り付けてミームを作成することは、オブジェクトラベリング（Object labeling）と呼ばれている）[9]、米国が置かれる複雑な政治的な情勢を、既存のビジュアルに説明を加えることで絶妙に表現し、その様相に共感した人々によってツイッター上で幾重にも拡散されていったのである[10]。

このインターネットのミームの面白い点は、画像がミームとして使用され広く拡散され、多くの人々の目に触れることで、元々の画像が持つ意味合いに加え、ミームとして独自の意味を内包する点にある。例示した政治状況に限らず、このDistracted boyfriendは、三つ巴の状況を表現する際に何度も用いられ、その過程で写真の中の〝見知らぬ魅力的な女性〟は〝より望ましい対象やリスクが高い対象〟という意味を内包し、その他同様の場面で用いられるようになっているのだ。

しかし、存在する全てのビジュアルが、Distracted boyfriendのように、ミームとしての独自の意味を獲得できる訳ではない。どのような画像がミームに適しているのか、このような疑問に対して、学術的な研究がなされているほど[11]、ミームを使ったコミュニケーションが社会に広がり、影響を与えている点がうかがい知れよう。加えて、ミームがどのように拡散されるのかについても注目されており、扱われる情報の特性などによってそれらが変わることが明らかになっている。例えば、ミームが示す情報がより一般的であればあるほど共感を得やすいため、広く拡散される一方、使用される場やオブジェクトラベリングされる言葉の文脈が狭まれば狭まるほど、ミームの持つユーモアはそれらに精通していない人には不可解に映ることがあるのだ。実際、Distracted boyfriend にはじめてオブジェクトラベリングが施された際、その文脈は先の政治状況のように広く多くの人々に共通するものではなく、特定の分野の特定の文脈における特徴的な関係性を表すために用いられており、全ての人が創作されたミームの絶妙な意味合いを理解できるものではなかった。

Distracted boyfriend が最初にミームとして用いられたのは、音楽分野、とりわけ現代音楽の文脈においてである。男性に、イギリスのプログレッシブ・ロックミュージシャンの〝フィル・コリンズ〟(Phil Collins) のラベルを、連れ合いの女性に〝プログレッシブ・ロック〟のラベルを、すれ違う女性に〝ポップ・ミュージック〟のラベルを貼り、〝ポップ・ミュージックによってプログレッシブ・ロックから気をそらされているフィル・コリンズ〟を表すミームとして作成された[12]。音楽、とりわけ現代のプログレッシブ・ロックやポップ・ミュージックに精通している人であれば、このミームが表す絶妙な状況を理解できるが、そうでない人にとっては、ビジュアルが表している関係性だけでなく、ラベリングされた言葉の意味自体も不可解なものとして映りかねないだろう。しかしながら、インターネットを介して広まるミームは特定の文脈やコミュニティへと拡散しやすく、ゆえに、ミームとして扱われるビジュアルそのものが、コミュニティによって異なる可能性も想定され、分野特有のミーム画像や動画などが数多存在することが想定されるのだ。このようにミームは、インターネットをはじめとした近代のテクノロジーに支えられ、人の手によって幾重にも変化を遂げることが可能な、高度に文脈化されたｎ次ビジュアルの一例としてあげられるのである。

我々はテクノロジーの介入により、ビジュアルそのものを純粋に用いるだけでなく、n次ビジュアルに新たな文脈を加えることで、ミームをはじめ、これまでにない新しいコミュニケーションのあり方を確立してきた。そして、ビジュアルを多用することで生まれた新たなコミュニケーションのスタイルは、複雑な情報を端的に表すことができるために、情報伝達やコミュニケーションそのものの量や質の向上に貢献したようにも思われる。しかし、ビジュアルの持つ利便性は、常にポジティブなものだけではなく、様々な課題と表裏一体であり、ビジュアルが有する課題を強く意識しなければ、ビジュアルそれ自体がコミュニケーション齟齬を生む媒介物としても機能する点に留意しなければならない。その齟齬が、一時的な勘違いやビジュアルの解釈違いであれば影響は少なくて済むが、誤った情報を内包したビジュアルが幾重にも積み重なることで、歪曲した情報が多くの他者へ渡っていくことも考えられるだけでなく、誤った知識の形成を促し、誤った行動へと駆り立てる原動力となることも想定されるのである。このビジュアルが有する課題には様々なものが想定されるが、ここではその一つである、同一ビジュアルを異なる目的で使用する際に発生する課題について深く掘り下げていく。

例えば、レオナルド・ダ・ヴィンチ（Leonardo da Vinci）の名画、『モナ・リザ（Mona Lisa）』の画像データを用いて、作品の情報をインターネット上で発信しようと試みている情報発信者がいると仮定しよう。自身で実際に実物を写真に収め画像データを取得するのが手段としては適策だが、所蔵先が遠い、公開展示していない等の理由により、必ずしも作品に物理的にアプローチができるとは限らない。そのため、すでに存在する他者が作成した2次ビジュアルを活用しようと、インターネット上の検索エンジンを用いて画像検索を行うと、データサイズが異なるものや、色味が異なるデータなど、様々なバリーションの2次ビジュアルが存在することに気づかされる。それらは、見知らぬ誰かによって現物から2次ビジュアルを生成したものかもしれない、もしくは、誰かがすでに何かの目的で使用していたn次ビジュアルを、さらに別の目的で使用した可能性も想定される。提示された複数の『モナ・リザ』の画像の使用目的はそれぞれに異なっていると推定できるが、それらがどのような目的で、どのようなプロセスを経て生成され、使用されたのかについては、細やかに言及されることはほぼ無いと言ってもいいだろう。ある人は思い出づくりとして自身のSNSにアップロードするために使用したかもしれない、またある人は、よりビジュアルを魅力的に見せようと、色味の変更や加工を施したかもしれない。中には贋作のデータが混じっていることも生じうるだろう。絵画の情報を的確に伝えたかったのにもかかわらず、自身の目的に適した2次ビジュアルにアクセスできず、加工されたビジュアルや贋作のビジュアル等、本来の目的や意図を達成するのに相応しくないビジュアルを情報発信に使用すれば、それらは瞬く間に不特定多数の他者へと広がり、誤った知識の形成や、情報の伝達摩擦を生じさせる可能性も否定できない。『モナ・リザ』のように有名な絵画であれば、その絵画の所蔵先を調べ、当該施設のホームページにアクセスし、施設が公式に公開しているマスターデータにアクセスすることも容易いが、他国の作品かつ、作品の邦題が複数存在する場合は、絵画の関連情報を取得し、マスターデータに辿り着くことも容易ではない。そのため、このような事例の場合、自身の目的に応じて、必要とするビジュアルにアクセスするための基本的な知識と能力が求められるのである[13]。

もちろんこれは、絵画作品だけでなく、他のビジュアルについても同様であり、目的に応じて、使用するビジュアルに適切にアクセスし、適切に使用する能力がビジュアルを用いたコミュニケーションには必須と言えるだろう。このような課題を根本的に解決するには、全ての人が適切な使用方法に準拠し（出典を明記する、画像の出自を辿れるようにする、ビジュアル使用の目的を説明できるなど）ビジュアルを使用していくことが求められるが、ビジュアルを取り巻く現状はそのような状況とは程遠い。ゆえに、今後無限に蓄積していくビジュアル情報に対し、それらを使用し享受し新たなビジュアルを生産する我々が、情報としてのビジュアルの役割について常に深く吟味していく姿勢が求められるのである。

ビジュアルは、インターネットミームのような情報伝達における便利さがある一方で、誤った用い方をすれば、一瞬にして混沌のような状況を生み出す力をも含んでいる。今後さらに加速するであろうデジタル社会において、ビジュアルとの関わりを改めて模索し広く取り組んでいくことが、情報の発信者として、そして情報の受け手としての様々な課題を回避するためにも必須であるのではないだろうか。例えば情報の発信者には、ビジュアルを適切に操る技術、適切なデータへのアクセスに始まり、適切なものがなければ自身で生成をする（写真を撮る、グラフを作成する、加工をする等の）いわゆる広義の可視化技能の獲得・構築が求められるだろう。一方、情報の受け手には、ビジュアルを読む能力が、より正確かつ円滑な情報伝達のために求められよう。これはどちらかの能力のみが重要なのではなく、全ての人が、発信者と受け手のいずれにもなり得ることを考えれば、どちらの立場の能力も現在の社会を生きる我々にとっては重要であり、重要であるからこそ、それらを正確に定義し、能力として高めていく必要性が生じるのである。そして、これら発信者・受け手としての能力を構築していくことは、ビジュアルが生み出しうる多方面の課題を解決するための能力としても期待されよう。この、ビジュアル情報の発信者・受け手としての基礎的な能力、それが本書で取り上げる、ビジュアルリテラシー（Visual Literacy，以下ＶＬ）である。

ＶＬは当初、芸術分野、とりわけ視覚芸術をメインとする美術にのみ求められる能力であると考えられてきた[14]。しかし、テクノロジーが進歩し、ビジュアル情報が我々の生活に深く根ざし、コミュニケーションの一手段を担うまでになった現代において、ビジュアル情報を享受する全ての人にとって必要な能力として捉えられつつある[15]。

しかし、言葉は時にそれが内包する意味や定義を置き去りにして、一人歩きすることがしばしばある。ＶＬもその一つであり、１９７０年代からしきりにその重要性が指摘されていたにもかかわらず、「正式な定義は？」、「それらはどのように能力として獲得できるのか？」、また「教育することは可能なのか？」という数多の問いに答える必要があった。これらの問いに対し、２０１０年以降、世界各国で様々な分野からその答えを示すためのプロトタイプが提示され始め、それらを元に、より強固なＶＬという枠組みを確立しようとする試みが行われている。本書は、そのような枠組みを確立しようとする流れから、現代そして将来的にＶＬがどのように我々の生活に根ざした存在となりうるのか、その必要性と各分野との関連についての概要を述べた書籍であり、以下の６章から構成される。

第１章では、ＶＬとはどの様なものかを把握する前に、リテラシー（Literacy）とは何かについて、歴史的見解からこれまでの議論について言及し、ＶＬとどのように関連するのかを明示する（ＶＬそのものの議論にのみ興味がある場合は第２章から入ることをお勧めする）。続く第２章では、ＶＬの定義についてこれまでの数々の研究の取り組みから、それらがどのように変遷してきたのか、また本書で推奨するＶＬの７つの基礎能力について解説する。

第３章では、ＶＬがなぜ重要であり注目されているのかについて、現在までに言及されているＶＬによる学習効果を、認知心理学的知見を用いて紹介する。第４章では、誰がＶＬの教育を担うべきなのか、ＶＬと情報リテラシーの関係性および、ＶＬの教育の可能性について、近代のＶＬの定義確立に尽力している図書館情報学との関係を明示しながら言及する。

そして、第５章では、様々な分野においてＶＬがどのように活用されているのか、またどのような能力が求められているのかについて、美術、科学、社会学の３つの分野から覗いていき、最終章の第6章では、ＶＬとの関係性が強く指摘される創造性（Creativity）とその将来的な展望について論じていく。

A picture is worth a thousand words――ビジュアルは、言葉による説明よりも真に効果的に意味や本質を伝えることができるのだろうか。このことわざが真になるようにするには、どのようにビジュアルを取り巻く課題を解決する必要があるのか、さらに、我々がどのようにＶＬを獲得していく必要があるのか、様々な分野の事例を用いながら、以後本編でＶＬについて深く考察していく。

第1章　ビジュアルリテラシーの背景

本書では、ビジュアルリテラシー（Visual Literacy，以下ＶＬ）をメインに議論を行うが、リテラシーという言葉はVisualだけではなく、Information（情報）、Science（科学）、Internet（ネット）等、様々な言葉を組み合わせて用いられることが多く、その言葉を日常の生活において耳にするのは珍しいことではない。特定の分野の名前を冠して〝リテラシー〟という言葉が使用される場合、当該分野の知識、またそれらを活用できる能力を意味する用語として用いられ(1)、多様化したリテラシーは、特に批判的な区別──例えば、ある特定の技術や知識を、その特定の対象に従事していない人に対する、明確な能力の差として扱う等(2)──の状況を生み出していることもまた事実である。そのため、〝〇〇リテラシーが不足している〟と言ったように、批判的な眼差しを向けられる際に使用されることも少なくない。しかし、批判的な眼差しを向けられたからといって、全ての状況において〝リテラシーが不足している〟訳ではなく、自身と他者の間の立ち位置、環境や状況によっても変化が生じるため、一個人が恒久的に全ての状況に対してリテラシーが十分であるという状況は生じえないと言えるだろう。

例えば、自身が専門としていない特定の事柄を扱う集団や場所に赴けば、いわゆる分野特有の知見や、土地・文化柄といった、触れたことのない慣例や慣習が存在するのは必然的であり、そのような不慣れな状況下でいわゆる特定の事柄に対するリテラシーのない人間として存在することはなんら不自然ではない。他方、自身が専門とする分野に（状況に不慣れな）他者を連れ込めば、自身が批判的な区別をする側、すなわち相手に対してリテラシーが低いと見なす（ことを可能とする）状況になりうるのである。(3)

この置かれた状況や分野に依存したリテラシーは、ミクロな集団や特定のコミュニティに存在する、独特な暗黙知に近いリテラシーから、マクロな集団における社会的・文化的に要求されるようなリテラシー――すなわち、現代社会を生きる上で最低限必要とされる能力や知識――まで、多様な種類が存在しうる。そして、科学や医学のように、リテラシーそのものが社会において必要最低限な知識を形成し、生活と密接に関わりがある場合には、とりわけリテラシーの欠如に対してしばしば批判的な眼差しを向けられることが生じるのである。ゆえに、ある社会や生活に密接に関わりがあるものが形成されれば、新たな批判的眼差しを帯びたリテラシーも出現しうるだろう。例えば、インターネットが普及することによって出現した、ネットリテラシーと呼ばれるものもその一つと言えよう。本書で扱うＶＬも、言葉が生まれた当初、社会的・文化的に広く要求されるリテラシーという位置付けではなく、特定の（デザインやビジュアルを扱う）分野や研究に従事している人々のための、リテラシーとして位置付けられていた。[4] しかし、科学技術の発展および社会への変容と共に、ＶＬは現代社会、とりわけ21世紀を生き抜く人々のための重要な能力の一つであると主張がされる程[5]に求められるなど、変貌を遂げてきたのである。これだけ多様な分野にまで広がりを見せるリテラシーであるが、いかにしてその言葉が生まれ、現在のような意味で使用されるようになったのかについて注目することは、ＶＬについて論じる前段階として重要な視点の一つとなりうると考える。

ＶＬに関する概要や歴史的変遷等については、第2章にて詳細に言及を行い、本章では、リテラシーという言葉がどのような意味合いを含んで変遷してきたのか、歴史的な流れ（しかし、それを示すだけの確かなデータは不足しており、曖昧な概念化やトピックの境界線の不明確さから明確な流れは記述できないため[6]、それらの議論の変遷を記述する形となる）とＶＬとの関係をどう考えていくべきかについて記していく。

リテラシー――言葉の起源とその変遷

リテラシーは悲惨な状態から希望への架け橋である[7]　コフィ・アナン
Literacy is a bridge from misery to hope　Kofi Anan

リテラシーという言葉は本来、日本語に訳せば、文字を読み書きする能力〝識字〟という意味で主に用いられてきた[8]。識字としてのリテラシーは、初歩的なレベルで書かれた言語を読解して理解し、言葉に発することができる能力のことを指し[9]、リテラシーに別の言葉が付随した場合にのみ、その付随した分野に関する知識や、それらを活用する能力としての意味を有する単語として用いられる。ＶＬに言及する前段階として、リテラシーだけを取り出して議論するのは、昨今リテラシーが多様な意味合いを持って日常で用いられることが多く、意味合いが曖昧なまま議論を展開するのを避けるためでもある。本章で改めてリテラシーそのものの意味にフォーカスし、言葉の背景や様々な論争が存在している状況を直視することで、それらがＶＬへどう影響しうるのかについて探っていきたい。

冒頭の言葉は、アフリカ出身の黒人として初めて国際連合事務総長を務めた、コフィ・アナン（Kofi Annan, 1938-2018）氏が、１９９７年の国際識字デー（International Literacy Day）に向けて送った言葉の一部であり、「リテラシーは現代日常生活において必須のツールであり、貧困に対する防波堤、そして開発の基礎である」と続けている。上記の言葉の通り、彼は識字率向上を目指し、ミレニアム開発目標(10)（Millennium Development Goals: MDGs）を制定。2015年までに全世界の全ての子どもたちが性別に関係なく初等教育を受けられることを目標とし、2001年に国連と共にノーベル平和賞を受賞するなど、現代の識字率向上の功労者の一人としても知られている。実際、MDGsの取り組みにより、全世界の15－24歳の若者の識字率が1990年の83％から2015年には91％へと上昇し、同時に男女間の格差も縮小している。しかし、2015年時点ではおよそ1億3000万人の若者がいまだ読み書きができないと推定されており(11)、2010年に比べて2200万人減少してはいるものの、〝全ての人〟のリテラシー獲得にはいまだ至っていない。

このような世界的な施策を見るに、リテラシーの獲得は社会全体において、必須な能力の一つであることが理解されよう。一方、リテラシー研究において、リテラシーを経済的進歩に必須の能力であると据えることを〝リテラシー神話（Literacy Myth）〟の状態であると批判する意見も見受けられる(12)。経済発展の背景には、識字率に限らず、人種、社会経済的地位、性別などの複雑な独立的要因が複数存在するにもかかわらず、〝識字率〟のみに焦点を当てることで、状況を矮小化しかねないのではという主張がなされているのである。

ここでの神話とは、虚構という意味ではなく、リテラシーの効果を支持し、その結果に投資している人々のイデオロギーの表れであると表現されており(13)、神話と表現するものの、読み書きの重要性を否定しているわけではない。社会の変化を起こしうる複数の因子を、リテラシーという一つの視点で盲目的に判断することの怖さについて〝リテラシー神話〟という言葉を使って指摘しているのである。加えて、神話形成が加速する背景には、リテラシーそのものの測定が歴史的に困難を極めている状況もあげられる。正確な値が測定できないことを逆手に取り、それぞれが信じたいと思う形でリテラシーを利用しているのでは、という眼差しも向けられているのだ[14]。

リテラシーを対象とする研究では、読解力の直接的な証拠を測定することができないため、一般的に読解力の推定値として筆記能力を用いることが多い[15]。しかし、そのような研究を行ったとしても、二項対立的に識字者と非識字者に分けることは、困難であると考えられている。例えば、読み書きを学んだが、その言語が持つ文法を忘れてしまった人もいれば（高等教育における第二外国語の習得などはこのようなプロセスを辿る人は多いのではないだろうか）、読むこと・書くことの片方はできても、他方はできないという状況もありうるのだ。読めない・書けないはそれを能力として置き換えれば、確かに二項対立的にも受け取れるが、実際には、その能力の度合いはグラデーションを呈しており、識字者と・非識字者のはっきりとした境目を引くことは困難を極めるのである。

さらに、リテラシーがなくとも当該言語を話すことができれば、すなわち、オーラルコミュニケーションを行うことができれば、他者と意思疎通を図ることは容易であり、社会生活における必要なコミュニケーションを取ること、さらには社会の意思決定に参加することもできるため[16]、一概にリテラシーの有無が、社会や経済の発展に多大なる影響を及ぼすと結論づけることは難しく、識字率と経済発展を因果とした様々な物語が紡がれる状況に、リテラシー研究の立場から、警鐘が鳴らされているのである。

では、このようなリテラシー神話批判が生じるに至るまで、我々はリテラシーとの関わり方を、どのように変化させていったのだろうか。ここからは、リテラシーと社会の結びつきを時代の変遷と共に覗いていく。

古代エジプト文明とリテラシー

リテラシーと社会の結びつきは古くから存在し、ここではまずその最古の例とされる、古代エジプト時代に焦点を当て、文字を書くこと・読むことが当時どのような意味合いを持っていたのかについて以下より示していく。

古代エジプト時代と言っても、紀元前６０００年ごろから数千年にわたって続いた時代[17]でもあるため、簡略的にまとめるには少々無理があるが、リテラシーと社会との関係を紐解くため、ここでは特に古代エジプト時代に使用されていた最古の文字体系の一つとして考えられている[18]、古代エジプト文明の〝ヒエログリフ（Hieroglyphs：聖刻文字）〟に注目していく。

ヒエログリフの起源については複数の見解があり、研究者の間では確信的な決定はなされていない[19]が、紀元前３２５０年頃にエジプトで誕生したと考える説が一般的に用いられており[20]、古代シユメール（メソポタミア）文明における楔形《くさびがた》文字と共に（紀元前３４００年頃）、最古の文字体系として捉えられている。[21] 古代エジプト時代には、ヒエログリフだけでなく、〝ヒエラティック（Hieratic：神官文字）〟、〝デモティック（Demotic：民衆文字）〟、計３つのエジプト文字が使用され、それぞれが目的に応じて使い分けられていたとされている。

ヒエログリフは、古代エジプト時代においてもごく一部の人間、とりわけ階級の高い人々、政府機関の熟練した書記官や、司祭等にのみ許されており、[22]〝神の言葉（Words of God）〟[23]と称され、モニュメントや石彫等に刻み、[24]王室や神、死者の霊とのコミュニケーション手段として使用されていた。[25] それに対し、ヒエラティックは、主に行政文書や文学等の様々な文章を、パピルス紙等の持ち運び可能な素材へ手書きするために用いられ、書記官を努める人々によって実用的に用いられてきた。[26] そして紀元前６５０年頃、ヒエラティックから派生した簡略文字であるデモティックが生まれ、より大衆的な文字として発展していったとされている。[27]

ここで注目をするヒエログリフは、音節表現やシンボル表現など複数の表現手法が絡み、イラストのような字形が用いられていることから、一部では〝グラフィック情報処理システム（system of graphic information processing: SGIP）〟とも称されており[28]（図1-1）、人型のものから、動物を模したものまで様々な種類が存在する。ヒエログリフの文字形は、ものの形をかたどった象形型であり一つ一つの文字が異なる細やかな特徴を有している。そのため、それらを文字として適切に再現できるよう、簡易なグリッドシステム（正方形を４分割したもの）が筆記時に使用されていたと考えられている。[29] また、実社会において重要な役割を持つ王や神などを模したヒエログリフについては、とりわけ他の文字よりも大きく記述するルールがあるなど、一文の中で複数の大きさの基準マスが使用されていたと見られる。[30] このように、複雑な構造を有しているヒエログリフは、文字としての役割を保つため使用における複数のルールが存在していたが、古代エジプト文明において一定のルールが存在したツールは、ヒエログリフだけではない。芸術分野においても同様に、制作における一定のルールが設けられており統制がとられていたのだ。そして、芸術分野において用いられていたルールは、それ特有のものではなく、文字システムであるヒエログリフと同一のルールがそのまま芸術分野にも適用されていたのである。これは、古代エジプト文明が採ってきた姿勢の一つ〝芸術と文字との統一性（unity of art and writing）〟[29]が体現された結果であり、ヒエログリフが持つ文字システムとしての強い規律性が、当時の芸術作品からもうかがい知ることができるのだ。

図1−1のヒエログリフと図1−2の墓画の断片図を並べて見ると、ヒエログリフと画の類似性が見受けられよう。特に図1−2における人型の描写に注目すると、顔と脚は全て横向きで描かれ（目は正面から見た形で描写）、肩、胸、腕は正面を向き、人物の大きさは階級の高さを表すなど、ヒエログリフのシステムを踏襲して描かれた点が複数見受けられる。加えて、文字システムと同様の点として、画を描く際にもグリッドシステムが使用されている点があげられる。人物の頭身はその人物の中指の長さによって決まり、時代によって多少の差があるものの、中指付け根から先端までの長さを1ブロックとし、人物の頭頂部から、地面に接する足までの長さを15−23ブロック程とし

図１-１　Stele of Minnakht, chief of the scribes. during the reign of Ay（c. 1321 BC), Musée du Louvre.（https://commons.wikimedia.org/wiki/File:Minnakht_01.JPG）

図１-２　Nebamun fowling in the marshes, Tomb-chapel of Nebamun, c. 1350 B.C.E., 18th Dynasty, The British Museum.（https://www.britishmuseum.org/collection/object/Y_EA37977）

てプロポーションをとっていたと考えられており、実際いくつかのレリーフ等には補助線として引かれたグリッドの跡が残っているものも見受けられる。(32) 一方、服装や手足の末端部など、ヒエログリフより詳細な描写が求められる箇所は、それぞれの描き手にどのように描くべきかが委ねられていたとされる。(33) 例えば、その違いが最も現れる〝手〟の表現に注目すると、図１-２の墓画の断片図では、画面中央に描かれている人物の左の掌の向きが、人物を正面から見たものではなく、背面から見た際の向きとなって描写されていることに気付く。こういった掌の不思議な描写は他の画でも度々見られ、〝右左問題〟として知られている。(34) 古代エジプト美術がヒエログリフと同一のルールに則って制作されているからこそ、ヒエログリフの文字システムでは規定されていない細部の表現においては、複数の芸術作品において物理的法則に反した不思議な描写が見受けられるのである。

このように、ヒエログリフのルールが芸術領域でも踏襲されることで、古代エジプト文明では、〝文字と芸術の統一性〟を強化し続けただけでなく、ヒエログリフが王室や神、死者の霊とのコミュニケーション手段として使用されていたのと同様に、ヒエログリフの文字システムに則って作られた芸術作品群もまた、神々と交信のための媒介役を果たすと考えられていた。[35] そのため、当時はヒエログリフが持つルールを壊すような表現は作品に求められておらず、文字と同じく徹底して同じ表象が描けるよう、先にあげたグリッドシステム等の仕組みが確立されており、ルールからはみ出す表現を極力抑えていたのである。この統一システムのおかげで、多くの人が同じ表現を行えるようになった一方で、作品に携わった人々が持つ個性や作家性が生まれることを防いでいたと捉えることもできよう。しかし、その個性や作家性を犠牲にすることで、ヒエログリフ及び当時の芸術作品群（彫刻、レリーフ、壁画等）は一貫して、文字としての役割を果たしてきたのである。

このように、ヒエログリフという文字システムのルールが芸術作品をも巻き込んで統一されてきたのと同様に、社会全体において統一された文字システムは、その後、官僚制、会計、法制度のような社会における普遍的な規則の制定を可能にするためのツールとして大きく貢献したと考えられている。[36] 統一された文字システムを扱うこと、すなわち識字知識があることは、社会における普遍的な規則制定に携われるということであり、それ自体が階級的特権であると捉えることもできるだろう。しかし、古代エジプトをはじめ、紀元前における様々な文化体系において、識字知識は指導者の権力や階級的特権と関連していなかったと考えられており、[37] 文字システムそのものは社会における持続的な運営に必要であったが、その時点では民衆を含めた全ての人々にとって等しく必要なツールではなかったことが想定される。新しいシステムが構築され、それが社会全体で用いられることが、社会として文化としての発展の印であると考えがちになるが、リテラシー研究では、文化的な洗練と識字率を同一視すべきではないという主張も存在するため、[38] 文字誕生直後のリテラシーのあり方を考えるのは極めて難しい課題の一つであるとされているのだ。

しかし、徐々に民衆へと識字知識が広がり、文字システムの厳格なルールが緩和され、新たな大衆文字システムが誕生していくことで、文字そのものの紡ぎ方の違いや、その差異からから生まれる文章の作家性[39]が徐々に獲得されるようになっていく。作家性の誕生は、思想世界の発展、[40] 哲学等の学問の発展に大きく貢献したとされており、[41] 作家性が認められる自由が存在する状況こそが、社会や文化における大きな変化のきざしの一つとも捉えることができよう。そのため、リテラシーの歴史において最も革新的な点は、その後訪れる識字率の拡大によって、文字による新しい思考様式を可能にした点にあると考えられるのである。ここからは、古代エジプト時代以降、それぞれの社会において、どのようにリテラシーが広がり、推奨されていったのか（とりわけ西洋諸国において[40]）を、引き続き見ていきたい。

リテラシーとSociety

社会へのリテラシー拡大は、長い間、伝統的な社会から現代的な社会への移行、あるいは、原始的な文化から先進的な文化への移行に対応しているように考えられてきた。しかし、章の冒頭でも述べた通り、リテラシーそのものを有無の二分法で捉えること自体がもはや適切ではないと考えられている。[43] リテラシー形成には、複数の複雑な要因が絡んでいる可能性が高く、リテラシーだけをある事象における一因子として捉えてしまうことで、他の因子へ注目する機会を削いでしまう可能性が指摘されているからである。そして多様な因子を考慮した結果、近年では、リテラシーの推奨および普及における社会の変化は、当初考えられていたほど劇的なものではなく緩やかに長い時間をかけて生じたものではないかという見解が生じているのだ。[44]

当初、識字率拡大において劇的な変化をもたらした最初のターニングポイントとして考えられていたのが、15世紀に生じた印刷革命である。15世紀のヨーロッパにおける印刷機の発明[45]は、メッセージの複製、輸送、保存を可能にし、文字の配列や言葉の選択の探求、リスト、表、インデックス等の構築をより活発な取り組みへと押し上げた。印刷機によって文字媒体が急速に市民に普及することで、多くの人が大量の新たな情報をこれまでにない更新頻度で入手することが可能となった。新たな情報がこれまでにない新しい思考を芽生えさせるだけでなく、それらが社会や技術の発展に大いに寄与するのは明白なことのように思われるが、先にも述べた通り、この変化は社会的、政治的、経済的な関係を迅速かつ普遍的に変化させるものではなく、より緩やかに変化していったと考えられている(46)。

このように判断する背景には、その後数百年の時を経てもリテラシーの普及が一部に限られていたという事実が存在するためである。17世紀のヨーロッパでは、戦争、恐慌、疫病などで混乱状態が長引き、その後の19世紀の工業化の初期段階では、基礎教育が必要な幼少期の子どもたちを工業産業の労働力として扱っていたため、教育を通したリテラシーの普及が阻害されてきたと考えられている(47)。加えて、普及を遅らせていた背景には、古代エジプト時代とは異なり、リテラシーそのものを階級的特権として捉える思想が広がっていった点があげられる。特に18世紀から19世紀にかけてのヨーロッパや北米では、識字能力はすでに確立された社会秩序を脅かす可能性のある〝力〟、すなわち思想を生み出し、知的・文化的・社会変革的な行動を生み出しうる前提条件になりうるとみなされていたのである。そのため労働者等の大衆がリテラシーを身につけてしまえば、肉体労働を拒むだけでなく、大衆が置かれている地位に疑問を持ち、それらを受け入れなくなることで、現状の労働システムを維持することが困難になるのでは、という危機感が階級の高い保守層に広がったことが、リテラシーの特権視の一因と考えられているのだ(48)。一方で、このようなリテラシーの特権視思想に反し、リテラシー推進派の声も強くなっていった。だが、推進派の思惑は個人の知的成長を促すためではなく、権力者と非権力者間の社会的統制を維持するための手段としての教育とリテラシーの可能性を期待しての推進であり、社会全体における世俗的な道徳的価値観や商業・産業資本主義への信仰を植え付けることを目的としていたのであった(50)。そのためリテラシーを特権視し推進を阻んでいた層も、反対にリテラシー獲得を推し進めようとしていた層も、社会統制の維持を永続させる〝大衆の支配〟という最終的な着地点は同じであったことがうかがい知れるのである。

そして現代において、リテラシーは〝無資格の善であり、進歩の指標であり、進歩と幸福への道を明確にする比喩的な光として表現され、リテラシーの欠如は、無知、無能、暗闇と関連付けられている〟[51]と表現されるなど、リテラシーを獲得した状態は〝成功〟したとみなされ、一方、そうでない状態を知性の低さ、何らかの欠陥であるとみなす傾向も少なくない[52]。現代社会において重要視されている能力の一つであることは、日々の自身の生活と照らし合わせても疑いのない指摘であると受け取れよう。実際、集団規模でリテラシーの有無を見た場合、リテラシーの獲得は近代化の必要な前提条件であり、経済成長、生産性、工業化、国民総生産、技術的進歩と相関関係があると指摘されているが[53]、一方でリテラシーの向上や高レベル化が直接的に大きな経済的進歩をもたらしたという確固たる証拠はほとんどないとされている[54]。そのため、リテラシーが社会の発展に無視できない一要因であるからこそ、リテラシーの有無という因子だけでなく、リテラシーの普及と同時並行で社会や個人に変化を起こしていたものとの関係性を細やかに紐解いていかない限り、リテラシー本来の近代化への貢献について断言することは難しいと考えられよう。ゆえに、リテラシーそのものを市民の生活や政府との関係に影響を与える重要な変数の一つであると捉え、その他の変数を洗い出していくことが、真に近代化の要因を紐解くために重要となろう[55]。そして、このような点を加味すれば、リテラシーの獲得そのものが直接的に社会の近代化に貢献したというよりは、社会におけるリテラシーの捉え方、用途が環境や時代に応じて変化していったことで、多大なる影響を生み出したと捉えることもできるのではないだろうか。[56]

加えて、どの〝言語〟におけるリテラシーを推進するのかによっても、社会に与える影響は大きく異なってくる。例えば、リテラシー獲得と近代化に関連があるという単純図式を推し進めれば、近代的発展がなされている文化で使われている言語のリテラシーを得ることがより魅力的に映る可能性が考えられよう。とりわけ、文化的、政治的、経済的に阻害される（マイノリティとされる）ことを拒む人々にとっては、阻害から逃れるため、本来持っていた独自の言語を放棄しより社会的に発展している国や地域で話されている言語のリテラシーを獲得することで、マジョリティに適応しようとする行動連鎖の可能性も指摘されているのである。[57]

言語は文化の指標であり、かつ人々のイデオロギーやアイデンティティを示すものである。言語そのものの死は、その民族のアイデンティティと文化の死、[58]損失を意味するため、[59]避けるべき点ではあるが、グローバリズムの弊害としてこのような状況はすでに多方で生じており、現在進行形で多くの言語システムが失われている現実が存在する。このように、リテラシーの獲得をめぐる多様な現代の状況は、言語システムそのものの選択へと及び、その選択が言語そのものの死を招くだけでなく、言語が内包していたアイデンティティと文化の死を招くなど、近代化のためのリテラシー普及拡大の動きが、人々のイデオロギーやアイデンティティとの関係にも深く結びつきがあることが見受けられるのである。そして、リテラシーとイデオロギー、そしてアイデンティティの関係は、特定の言語の死という側面からのみ語られるのではなく、人々がリテラシーを用いて知識を選択し得る行為とも関係しており、リテラシーそのものの活用の仕方の違いがアイデンティティの形成に大きく関わっていると捉える視点も生まれつつある。

リテラシーとアイデンティティ、VLの可能性について

リテラシーとアイデンティティに関する議論は、リテラシーの実践（読み・書き・発話すること）を社会的な行為であると認識することで、その実践の中に人々のアイデンティティが組み込まれるのではないか[60]という視点から出発している。これまでの言葉で言い換えれば、リテラシーの普及が作家性を生み出したように、紡がれた言葉や文字にはそれを発した個人の色が付され、その紡がれた色の特徴によって個人を認識することが可能である、という意味に近いだろう[61]。もちろん個人の特徴の表出は、作家的な要素が求められる場面だけに限らない。手紙や小論文を記述する、または誰かと会話をする時など、自身のこれまでの知識を構成し紡ぐ際には、少なからず幾ばくかのリテラシー、そしてアイデンティティが関与するという見解である[62]。

このリテラシーとアイデンティティの関係で言われる〝リテラシー〟は、①特定の言語のリテラシーがあることで、特定の文化の記録や知識を享受し発話することができ、用いられた言語の違いによって教授できる知見や表現が変わるため、アイデンティティの形成へと影響をするという立場

と、②特定の言語のリテラシーがあることで、個人の自由によって、享受する知識や記録、もしくは他者との会話を選択できるため、その選択がアイデンティティへと影響するという立場の、2つの側面があるように思われる。リテラシーとアイデンティティの関連を探究した研究では、どちらかといえば後者、②の見解が強く、何をどのように選択して読み書きするかは、自分がどのような人間であると認識されているか、また自分自身をどのように見ているかに影響を与えることができると考えられている。[63] すなわち、テキストとそれに付随する読み書きの実践は、自己を反映するだけでなく、自己をも生成する可能性があることを示唆しているのである。[64] では、この見解が正しければ〝あるテキストを読んだり書いたりすることで、アイデンティティーの一部を構成しうる何かしらの要素が得られるのでは？〟という短絡的な問いが発生しうるが、ロマンス小説を読んだらどのようなアイデンティティの要素が得られるのか、はたまたフィクションを書いたらどのようにアイデンティティに影響を及ぼすのか、という一歩踏み込んだ疑問に応えることが現段階の研究成果では難しい。[65] また、アイデンティティ自体をどのように定義して捉えるべきなのかという根本的な点についても議論がなされており、〝社会的相互作用の中で生成され、多重的で変化しているもの、自己であり、位置であり、発達した心の産物である〟と言う定義だけでは、アイデンティティを表現するには十分ではないとも主張されているなど、[66] リテラシーが近代化に関連していると考えられているのと同様、関連は期待されるが〝具体的にどのように〟という点は現段階では明らかではないという状況である。

ただ、リテラシーはアイデンティティに影響を与える可能性があるという仮説を信じるならば、文字の読み書き、それを話し理解する能力だけではなく、当該分野の知識、またそれらを活用できる能力を意味する言葉としてのリテラシー（科学、コンピュータ、情報等の枕詞が付随したリテラシー）にも同じことが当てはまるのではないだろうか。ゆえに、新たな知識を享受することで、個々人のアイデンティティ形成に少なからず影響を与えることができるのではないか、という可能性を見出せるのである。そして、識字能力だけでなく、様々な知識のリテラシーを獲得することが人々のアイデンティティの形成に影響を与えるならば、本書で言及するVLを獲得することもまた、新たなアイデンティティ形成、すなわちこれまでになかった多重的な変化、自己や心の産物、そしてそれ以上の何かを得られる可能性を秘めていると捉えることもできるではないだろうか。

VLは、18世紀から19世紀にかけてのヨーロッパや北米において、リテラシー普及推進派がとっていた思想と同じく、特定のコミュニティにおける統一的見解を推進するために見出された能力の一つである。しかしその後コンピュータ技術やインターネットの発展によって、日々の生活の中でビジュアルを多用する機会が増え、ビジュアルを〝読む〟必要性が日常的に生じたことで、これまでの〝読む〟という行為そのものにも変化をもたらした[67]だけでなく、ビジュアルの存在そのもの自体が、社会における重要なコミュニケーションツールとしての位置を占めるようになりつつある。そして、文字システムよりも〝読む〟だけでなく〝書く（描く）〟ことが自由に行えるビジュアルは、無限の可能性を秘めているだけでなく、様々な影響を現代社会へともたらしていると想定されよう。さらなる科学技術とともに発展し続けるビジュアルと今後どのようにして対峙していくべきなのか。その一手段としてのＶＬについて、次章以降の各章にて掘り下げていく

第2章　ビジュアルリテラシーとは？

前章ではリテラシーそのものの意味にフォーカスし、リテラシーが時代と共に社会の中でどのように変化してきたのか、そしてリテラシーとアイデンティティの関係から、ＶＬを習得することによる新たなアイデンティティ獲得の可能性について言及してきた。本章では〝ＶＬとは一体何であるのか〟について、その定義と変遷を辿りながら掘り下げていく。

言葉の定義

〝どのような定義でその言葉を使っているのであろう？〟

日々の何気ない会話の中で使用される言葉に対してこのように疑問を持つことはあっても、逐一議論や会話を止めて言葉の定義を確かめることは、その会話がフランクなもので内輪なものであればあるほど、稀なのではないだろうか。〝何となくいつも耳にしているから〟、〝おそらくこのような意味を含んでいるだろう〟、といったように曖昧な認識のまま話を進めることももちろんできるが、どこかの段階で冒頭のような疑問を持つ可能性も少なくない。しかし日常的にしばしば使用する馴染みのある言葉であればあるほど、自身が想定している定義と相手の想定している定義が異なるという状況を想像することは難しいのではないだろうか。

本書で扱うＶＬも、その単語の連なりから〝ビジュアル〟に関する〝リテラシー〟であるということは簡単に理解ができるが、この言葉が内包しうる〝定義〟については、単語の連なりだけでは理解することは難しい。言葉の〝定義〟、すなわち言葉の意味だけでなく意味が指す範囲や、条件等も定義として捉えていかない限り対象について議論を展開していくことは難しいだろう。そのため本章ではＶＬそのものの議論に入る前に、ＶＬという言葉の定義を明確にし、整理していくための章として展開していく。

※ＶＬは、これまでに複数の文脈や分野・コミュニティにおいて様々な定義で使用されている。本書では、より多様な分野に対し汎用性の高い能力としてのＶＬについて言及するが、本書での定義がこれまでの他分野で使用されているＶＬの定義を否定するものではないことは、はじめに明示しておきたい。

本書におけるＶＬの定義

本書で扱うＶＬの定義は、米国図書館協会（American Library Association）の一部会である、大学・研究図書館協会（Association of College and Research Libraries：以下ＡＣＲＬ）が２０１１年に提起した、高等教育分野におけるＶＬの定義〝個人が効果的に画像や視覚メディアを見つけ、解釈し、評価し、使用し、作成することを可能にする一連の能力〟に準拠する。ＡＣＲＬがこのような定義を明示する以前にも、過去数十年に渡りＶＬの様々な定義が作られてきた。しかし、メディア環境の急速な変化や新技術の開発が起こるたびにＶＬが内包しうる意味にも変化がもたらされ[1]、幾重にもその定義を塗り替えてきた背景が存在する。そのため、本書で取り上げるＡＣＲＬの定義でさえも、今後の技術発展の影響如何でさらに変化が生じることも考えられるため、確定した定義ではないという点を前置きとして記述する。

ではなぜ、本書がＡＣＲＬの定義に準拠するのか。その背景には、ＡＣＲＬがＶＬを科学の対象と捉えている点があげられる。科学の対象とは、すなわち量的に能力を測定でき、能力開発のための教育介入ができる（仮説を検証することができる）状態のことを指す。

例えば科学の対象として扱われているリテラシーの一つに、ヘルスリテラシー（Health Literacy. 以下ＨＬ）が存在する。ＨＬは〝個人が自身や他者の健康に関する意思決定や、行動に必要な情報やサービスを見つけ、理解し、利用する能力〟であるが[2]、ＶＬと同じく時代の変化と共にその定義を少しずつ変化させてきた。米国の向こう10年の健康づくりの指針であり、また日本の健康づくり運動〝健康日本21〟の参考にもなっている〝Healthy people〟の２０２０年版においては、これまで焦点が当てられていた個人のＨＬに加え、集団・組織としてのＨＬの重要性について初めて明記されるなど(3)、常に変化を遂げている。加えて、科学の対象として扱われるＨＬは、定義だけでなくその測定方法もすでに確立されており、これまでの知見の蓄積から、ＨＬの向上は人々の健康を向上させるだけでなく、医療費の削減にも繋がる(4)ことが明らかとなっている。そのため、能力向上に向けた効果的な教育プログラムが日々模索されるなど、科学の対象として研究のサイクルを活発化させており、今後のさらなる知見の確立も期待されているのである。

本書では科学の対象であるＨＬ同様に、ＶＬを学術的な探求対象として発展的に捉えたいと考えており、それが可能であるＡＣＲＬの定義をメインとして扱い、その詳細について本章の後半にて解説していく。

現象や状況を定義するのは容易なことではない。ＤＮＡの二重螺旋構造を発見したイギリスの科学者、フランシス・クリック（Francis Harry Compton Crick, 1916-2004）もまた、自身の書籍で以下のように言及している。

「対象を特徴づける際に、まだ理解されていないものを定義するのは時期尚早である」

（When characterizing a subject, however, it can be premature to define something when it remains ill-understood.）(5)

VLは、数十年前に言葉そのものが生まれたものの、それらを定義するには十分な理解を促すための時間と実践が必要であった。そして今まさにVLの全体像を捉えられるようになったことで、VLを定義し特徴づけることができるだけでなく、定義を活用し実践へと繋げていくべき段階にきているのではないかと考える。さらに、解剖学者のアンドレアス・ヴェサリウス（Andreas Vesalius, 1514-1564年）は次のように述べている。

「私はたった一度や二度の観察の後に、確信を持って何かを言うことに慣れていない」(6)
(I am not accustomed to saying anything with certainty after only one or two observations.)

VLもいまだ観察や探求が不十分と言えるかもしれない。しかしながら、確信を持ってVLの重要性を広げていくためには、研究者やVLの実践に近い人々だけではなく、数多の〝観察〟の目が重要であると考えられよう。その多くの観察の目が増えることを期待し、まずはVLの歴史にフォーカスを当ててその背景を紐解いていく。

ＶＬの変遷

ＶＬそのものの定義については、50年以上の時を経て現在に至るまで様々な議論がなされてきた。過去全ての流れを拾っていくには一章分のスペースでは到底足りないため、本章ではその一部、ＡＣＲＬの定義の起点となったいくつかの定義に焦点を当てていく。そのため、書籍の流れのためにに掲載できなかった点については、参考文献として提示している論文や書籍等を適宜情報補完のために参照いただければと思う。

ＶＬはこれまでに、様々な定義を用いて説明されてきた。定義が次々と新たに誕生することから、１９７３年時点ですでに〝言葉の定義を過剰に試みること自体が、ＶＬのアプローチ開発を行う上での大きな落とし穴となっている〟[7]と言及される程、その定義の確定に悩まされてきた。このような状況の背景には、ＶＬが内包しうる範囲に様々な学問分野が存在していることが影響しており、分野ごとに異なるＶＬへの眼差しが統一した定義を試みる上での障壁となってきたのである[8]。

その中でも広範囲へのＶＬの用語普及に最初に貢献したとされるのが、今から50年程前、国際ビジュアルリテラシー協会（International Visual Literacy Association）[9]の共同創設者であるジョン・デベス（John Debes）が、『*Audiovisual Instruction*』という学術雑誌に投稿したＶＬについて記した論文[10]（１９６９年）であると考えられている[11]。

一方デベス以前の1939年には、ロバート・デイビス（Robert Tyler Davis）が『The Art Museum and the Secondary School』という書籍内にて、アメリカの美術教育分野における視覚リテラシーの重要性という文脈でＶＬを定義し使用している報告も見受けられる[12]。彼は「単なる読み書きだけではもはや十分ではなく、鍛えられた観察力の重要性は博物館における教育と同じように今日の学校教育においても重要である[13]」と主張しており、美術分野に特化した視点ではあるものの、後述するデベスの主張と同様の意図を内包していると見受けられる。では、どのような点に類似点が見られたのであろうか。ＶＬの定義に大きな影響を与えてきたデイビス、デベス、そして90年代におけるＶＬに対する議論の盛り上がりの、３つの大きな流れ[14]について、順を追って当時の議論を覗いていきたい。

デイビスによるＶＬの定義から派生した美術教育・メディア研究分野でのＶＬ定義

デイビスがＶＬの定義に言及した1939年以降30年程度に渡る期間は、ＶＬの定義に関する最初の議論の時期として考えられている。とりわけ1940年代から1950年代にかけての10年間は、美術教育分野、メディア研究分野において、ＶＬについて活発に議論されていたことが文献等[15]から伺えるのだ。

メディア研究の分野では〝メディアはメッセージである（The medium is the message）[16]〟と唱えたメディア論研究の第一人者、マーシャル・マクルーハン（Herbert Marshall McLuhan、1911-

1980）が１９５５年の論文にて、メディア論、とりわけテレビの観点からＶＬの重要性について語っている。[17] 加えて当時のメディアの発達の影響を受け１９６０年代には、美術教育において〝新しいメディア〟の使用を積極的に提唱し、[18] テレビ等のテクノロジーの発展を踏まえてどのようにＶＬの理解や指導法を伝えていくべきかを考察するなどの動きが生じていた。

これらの流れを見るに、最初のＶＬへの言及の流れは特定の分野（美術教育やメディア論）に限られたものであったことが伺えよう。しかしテレビをはじめとするメディアは、我々の日常生活に定着し情報取得のための重要な媒体へと変化を遂げていくことから、以後のＶＬの定義の議論では、メディアから派生したより広域な学問分野や多様な人々にも、ＶＬの考えや取り組みが広がりを見せはじめるのである。

第2の流れ　デベスによるＶＬの定義と続く第3の流れ

ＶＬの定義に関する第2の流れの中心人物とされるのは、先に言及したジョン・デベスである。[19] 彼は多くのＶＬ研究においてその用語普及に貢献したと考えられており、ＶＬの最初の議論で中心となっていた美術教育やメディア研究等の特定の分野だけではなく、ＶＬを人々が生きる社会における重要な能力として位置づけたという意味で最も注目されていると言えよう。

デベスのＶＬの定義には、複数の分野の科学者からＶＬの着想を得たとの記述が残されている。科学者のアデルバート・エイムズ・ジュニア（Adelbert Ames Jr. 1880–1955年）や、哲学者のエルンスト・カッシーラ（Ernst Cassirer, 1874-1945 年）、言語学者のベンジャミン・リー・ウォーフ（Benjamin Lee Whorf, 1897-1941 年）等多岐に渡っており、それを反映するかのようにデベスのVL言及後、現在に至るまで様々な分野の学者が彼の考えを基にし、VLの定義の解体・拡大・再定義を行なってきた[20]。もちろん、同時期にVLの研究をしていたのはデベスだけではない。彼と同じくVLの研究をしていたドンディス（Donis A Dondis）は、デベスと同様の視点を持ちデザイン教育の文脈でVLの重要性に言及してきた[21]。しかしながら彼の功績が現在のVL研究にて言及されることは少なく[22]、その背景にはVLの定義に関する第2の流れの中で、デザイン教育に関するVLが、枝分かれして取り組まれていったことが要因ではないかとされている[23]。そしてデザイン教育以外にも様々な分岐がこの第2の流れの時期に生じた可能性が考えられ、分岐した先でVLの用語が普及し、VLそのものの研究の多様性を加速させるための第一歩が生じていったと推測されるのである（とりわけデベスと同時期の流れとして考えられているのは、フランゼッキー[24]（Fransecky）、ドンディス、アブジェリノウ[25]（Avgerinou）[26]、シナトラ[27]（Sinatra）である[28]）[29]。

しかし、デベスのVLへの言及は概念としても学問分野としても広範囲に広がりを見せたために、一貫した理論を欠いた状態であるとの指摘もなされている[30]。というのも当初デベスは、VLの具体的な詳細および定義については時期尚早であるとして表面的な言及にとどまっており[31]、それが様々な解釈を生む余地を与えたとも考えられているのだ。デベスは以下のように表現している。

ＶＬとは、見ると同時に他の感覚知識を統合することによって人が開発することのできる一連の視覚能力であり、ＶＬを鍛えることで、視覚に映るものの解釈だけでなく、コミュニケーションおよび創作物へその眼差しを向け活用することが可能である[32]

加えてＶＬの状態を、未知のパラメータを持つ多面的なコンピテンシーとして〝アメーバみたいなもの〟[33]として比喩するなど、概念的な表現を行なっているところにも曖昧さが見て取れる。その後72年には『*Visual Literacy: A Way to Learn-A Way to Teach*』という書籍を出版し、その中でデベスは、ビジュアルリテラシーコンピテンシーを保有している状態を以下の４つに分類し定義している[34]。

1）情報伝達のために作られたビジュアルを読むことができる。
2）情報伝達のためにビジュアル案を構築することができる。
3）情報伝達のためにビジュアルを作成することができる。
4）情報伝達のために、ビジュアルと言葉を組み合わせることができる。

上記４つの能力は本書が準拠するＡＣＲＬの定義〝個人が効果的に画像や視覚メディアを見つけ、解釈し、評価し、使用し、作成することを可能にする一連の能力〟との類似性も見られよう。一方で、第1の流れの主要人物であるデイビスの主張と比較すると、デイビスのそれが教育戦略としてのVLという主張が強かったのに対し、デベスは人間の能力としてのVLについて言及しているようにも思われる。VLは一時62もの定義が生じ、[35]それらを分類していくと〝教育戦略としてのVL〟、〝人間の能力としてのVL〟、そして〝アイデア創出促進としてのVL〟の3つに集約できる[36]とされ、それぞれの研究者がどのような意図でVLを捉えているのかという点も、定義によって大きく異なっていたことが伺い知れる。

しかし多くの定義があるにもかかわらず、VLには課題点が残されている。先のデベスの定義に対しては「示された定義はVLを保有する人が何をできるかを教えてくれるが、VLそのものが何かを提示しているわけではない[37]」という指摘や「VLのコンピテンシーは教えられるのか、教えられるべきなのか、教えられるとしたらどのように教えればよいのか?[38]」という声が研究者からあがっているのだ。このように定義だけでは解決できない課題、すなわちVLをどのように存在するコンピテンシーとして認識していくのか、認識ができるのであれば、教育することにより伸ばすことができるのではないかという言説的な取り組みだけではなく、より実践的かつ科学的な視点が求められていくこととなるのである。

そしてVLの第3の流れに移行する際には、テレビやインターネットなど様々なメディアの発展が見受けられた。これらメディアの発展は、いわゆる〝イメージ〟の時代の到来、すなわちイメージが社会の人々の態度、信念、価値観、そしてライフスタイルに多大な影響を与える可能性がある時代の到来と謳われた。[39] このような時代の中で扱われる情報は、文字・音・映像等、マルチモーダル（Multimodal, 多感覚）であり、かつそれらをデジタルメディアを用いて容易に制作・共有できるようになったことで、ビジュアルだけではなく包括的なリテラシーに対する重要性が注目され、VLから更に派生をしたマルチリテラシー（Multiliteracies）やマルチモダリティ（Multimodality）ムーブメントを生じさせる流れにつながっていくのである。[40]

90年代以降の流れ　教育としてのVL／人間の能力としてのVL

広がり続け一向に収束がなされない状況に見えるVLの定義であるが、〝人間の能力としてのVL〟が指摘されるほどに、それらをどのように教育をしていくのかという〝教育としてのVL〟への注目が増し、教育カリキュラムへのVLの導入を推進していくことの重要性が90年代から指摘されるようになっていった。[41] その背景要因には、VLはビジュアルを見ることだけでは養われないという事実が徐々に明らかになっていったことが考えられている。

デジタルネイティブ――生まれた時からインターネット等のデジタルデバイスに暴露してきた世代――という言葉は、デジタル能力があるかのように語られることが多い。例えば、デジタルネイティブはコンピュータの知識が豊富であり、それらを適切に活用できるという特徴づけをされていることがしばしばある。しかしながら実際には、適切な教育を受けなければそのような能力は向上されえず、デジタルネイティブという言葉を用いて何かを語ることの神話性については複数の論文が指摘をしている。[42] ＶＬも同じく、何かを〝見る〟ことが自然な行為として認識されているため、見ることを学ぶことは非常に困難な作業であり、したがって追加のトレーニングを必要としないはずだ[43]という主張が過去になされていた。しかし、その状況は低次の能力（基本的な触り方や扱い方）の獲得を促す一方で、高次的な意味での能力（自身が判断して活用する等）については教育を行わない限り発達しないという課題[44]を浮き彫りにし、能力としてのＶＬ教育の重要性のさらなる主張と、この教育的ギャップを埋めるための教育実施の推進に舵を切る結果をもたらすのである。[45]

　そこで教育することを前提として、２０１１年にＡＣＲＬが提示したＶＬの定義とその指標が“*Visual Literacy Competency Standards for Higher Education*（*the Visual Literacy Standards*）[46]”である。先述したようにＡＣＲＬはアメリカ図書館協会（ＡＬＡ）を母体とする部会であるが、〝なぜ図書館協会がＶＬの定義を提示したのか〟と疑問を持った人も少なくないのではないだろうか。しかしその背景には、図書館が扱う対象資料がいわゆる図書と書誌情報だけでなく、学術雑誌、もしくは絵画等の図版、映像や音声データ等〝情報〟と呼ばれるもの全般が含まれていることに起因している。

　図書館が扱う情報は、テクノロジーが発展することで様々な形で記録できるようになっただけでなく、年月を重ね膨大な量の蓄積が生まれたことから、それら全ての情報を適切に活用していくための方法が模索され、情報と情報資源の組織化[47]をどのように行なっていくのかが大きな課題となっ

表 2-1　ACRL VL 基礎能力とパフォーマンス指標一覧（学習成果については巻末を参照）

基準	キーコンピテンシー（基礎能力）	パフォーマンス指標	学習成果
1	VL を有する学生は 必要とされるビジュアル資料の性質と範囲を決定する	1：VL を有する学生はビジュアルの必要性を定義し明確にする 2：VL を有する学生は様々なビジュアルのソース，素材，およびタイプを識別する	p. *xxiii* にまとめて記載
2	VL を有する学生は 必要なビジュアル情報を効果的かつ効率的に見つけ利用する	1：VL を有する学生は必要なビジュアル（画像や映像メディア）を見つけ，活用するために，最適な情報源や検索システムを選択する 2：VL を有する学生は効果的なビジュアル検索を行う 3：VL を有する学生はビジュアルや情報源を入手し，情報を整理する	p. *xxiv* にまとめて記載
3	VL を有する学生は ビジュアル情報の意味を解釈し分析する	1：VL を有する学生はビジュアルの意図・意味に関連する情報を特定する 2：VL を有する学生は文化的・社会的・歴史的な文脈にビジュアルを位置づける 3：VL を有する学生はビジュアルの物理的・技術的・デザイン的構成要素を特定する 4：VL を有する学生は他者との対話を通じてビジュアルの解釈と分析の正当性を確認する	p. *xxv* にまとめて記載
4	VL を有する学生はビジュアルとその情報源を評価する	1：VL を有する学生はビジュアルコミュニケーションとしてのビジュアルの有効性と信頼性を評価する 2：VL を有する学生はビジュアルの美的・技術的特徴を評価する 3：VL を有する学生はビジュアルに付随する文字情報を評	p. *xxvii* にまとめて記載

		価する 4：VLを有する学生はビジュアルの情報源の信頼性や正確性について判断する	
5	VLを有する学生はビジュアルを効果的に使用する	1：VLを有する学生は異なる目的のためにビジュアルを効果的に使用する 2：VLを有する学生はビジュアルを扱うためにテクノロジーを効果的に使用する 3：VLを有する学生は問題解決・創造性・実験を通じて，学術的なプロジェクトにビジュアルを組み込む 4：VLを有する学生はビジュアルを使いまたビジュアルについて効果的にコミュニケーションをとる	p. *xxviii* にまとめて記載
6	VLを有する学生は意味のあるビジュアルやビジュアルメディアをデザインし作成する	1：VLを有する学生は様々なプロジェクトや学術的な用途のためのビジュアルマテリアルを作成する 2：VLを有する学生はビジュアルやビジュアルメディアの制作において，デザイン戦略と創造性を活用する 3：VLを有する学生は様々なツールや技術を使用しビジュアルやビジュアルメディアを制作する 4：VLを有する学生は自ら制作したビジュアルプロダクトを評価する	p. *xxx* にまとめて記載
7	VLを有する学生はビジュアルやビジュアルメディアの作成と使用を取り巻く倫理的・法的・社会的・経済的な多くの課題を理解し倫理的に視覚資料にアクセスして使用する	1：VLを有する学生はビジュアルやビジュアルメディアを取り巻く倫理的・法的・社会的・経済的な多くの問題を理解する 2：VLを有する学生はビジュアルへのアクセス・使用・作成の際に，倫理的および法的な最善方法に従う 3：VLを有する学生は論文・プレゼンテーションおよびプロジェクトにおいてビジュアルやビジュアルメディアを適切に引用する	p. *xxxi* にまとめて記載

ている。図書館組織では、データベースやアーカイブ等の蓄積を担うプラットフォームの構築から、それらを用いた分類、解析などを実施し、情報を適切に活用することで、学習や研究のサイクル（検索・分析・活用・作成・提示のサイクル）を支援し、人と情報とをつなぐコミュニケーターの役割を果たすことに努めている。そのため図書に限らず、蓄積されたビジュアル情報の適切な活用においても図書館側が支援するべきであるとし、ビジュアルを適切に学習や研究のサイクルにおいて使用するための能力としてＶＬの定義を定めることで、それらを実現しようと試みたのである。

このような流れに至るまで、ＡＣＲＬは情報と情報資源の組織化に関する様々な取り組みを行なってきた。２０００年には、急速な技術変化と拡大し続ける情報資源に対応するため、高等教育のための情報リテラシー・コンピテンシー基準（Literacy Competency Standards for Higher Education）を制定、その後、画像情報に関心を寄せるグループ（ACRL Image Resources Interest Group）が設立され、２０１０年に最初のＶＬタスクフォース（Visual Literacy Task Force）が結成された(48)。このタスクフォースによりスタンダードなコンピテンシーが明言され、２０１１年のＶＬコンピテンシースタンダードの発表へと至ったのである。そしてＶＬを７つの基礎能力に分け、パフォーマンス指標と学習成果を示したものが、表２-１と巻末に示したＡＣＲＬが定めた定義である。

ＡＣＲＬのＶＬの定義

ＡＣＲＬの言及するＶＬでは、その定義だけでなくそれぞれのスキルの意味合いや、その指標、そして学習成果を明確にすることによって、ＶＬを身につけた学習者がどのようなパフォーマンスを発揮可能なのかという、今までの定義では明言されなかった事項についても触れられている。加えてＶＬ全体の概要と貢献を以下のように示している点も他の定義と異なる点としてあげられよう。(49)

• ＶＬのスキルは、学習者に視覚資料の制作と使用に関わる文脈的、文化的、倫理的、美的、知的、技術的な要素の理解と分析法を身につけさせることができる。
• ＶＬを身につけた学習者は、ビジュアルメディアの批判的な消費者であると同時に、共有された知識と文化全体への有能な貢献者でもある。

とりわけ2つ目の〝ＶＬを身につけた学習者は、ビジュアルメディアの批判的な消費者であると同時に、共有された知識と文化全体への有能な貢献者でもある〟という言及には、これまでに言及されてこなかった〝ＶＬを身につけた後にどのような状態であってほしいか〟という最終着地点が示されており、他の定義と大きく異なっている点としてあげられよう。適切にビジュアルを分析し判断できる〝情報の受け手〟としての能力だけでなく〝情報を発信する側としての能力〟、すなわち倫理的・法的・社会的・経済的ルールを加味したビジュアルの活用について、ＡＣＲＬの定義の中で、７つのキーコンピテンシー（基礎能力）を制定し、各コンピテンシーに対してパフォーマンス指標を付し、パフォーマンスごとに学習成果項目を設ける（全体では１００項目弱）など、理論を基に具体的な学習・教育目標の構築に注力している点が新しいと言えるだろう（学習項目については巻末参照）。これらの取り組みに対し、ＶＬの研究分野では〝これまでで最も広範で具体的なＶＬコンピテンシーセットを提示している〟という指摘や〝必ずしも決定的なリストではないが、出発点としての役割を果たすだろう〟[50]という展望が付されるなど、ＶＬ研究の起点としても期待がなされているのである。

これに加え２０１６年には、タスクフォースのメンバーが『*A Practical, Standards-based Guide Visual Literacy for Libraries*』[51]を出版し、ＶＬの基準を統合するためのアイデア、そして指導のための実践的な取り組みを示し、定義を元にした教育活動にも精力的に取り組んでいる。このガイドでは、実践の中で７つのキーコンピテンシーとパフォーマンス指標がどのように関わっているのかを示しながら、グラフの読み方（このグラフは何を示していて、どのソースが元になっているのか、なぜこのデータを示すのに折れ線グラフを使用するのか、そしてこれは情報を伝えるのに効果的なグラフなのかなど）について記述させるワークから、解釈が難しい広告について同様に分析していくワーク、そしてプレゼンテーションで使用されたビジュアルの評価や既存のビジュアルの出典記載方法、ビジュアルを構想するためのアイデア出しのワークまで、ＶＬが絡む実践的な事例に取り組めるコンテンツによって構成されている。ＶＬのコンピテンシーを測定するための科学的手段はまだ確立されていないため断定はできないが、ＶＬの基礎能力およびパフォーマンス指標が示されたこのガイドを一通り学習することによって、ＶＬの基礎的能力の向上が期待されよう。

ＡＣＲＬのＶＬと今後の展望

このようにＡＣＲＬが制定したＶＬの定義を用いることで、ＶＬそのものの教育の実施や、教育の効果測定、さらにはＶＬそのものを科学の対象として扱うことが可能となり、これまでとは違う知見を明らかにしていくことが可能となるだろう。また、今回の定義は具体的な分野を言及せず全ての学習者に対するＶＬ指針として策定されたが、今後さらに他分野へ広がっていくことで分野特有のＶＬ定義の確立も期待されよう。

さらに第1章において、特定のリテラシーがあることでそのリテラシーを通した選択がアイデンティティへと影響する可能性を指摘したように、ＶＬもまた、そのコンピテンシーを獲得していく過程、及び能力を活用していくことで新たなアンデンティティの構築につながっていくのではないかと想定される。ＡＣＲＬの求めるＶＬのパフォーマンス指標の中に〝創造性（Creativity）〟という言葉が用いられていることからも[(52)]、アイデンティティと創造的な活動との関連についても今後掘り下げて研究することが可能になるかもしれない（ＶＬと創造性については、本書の第6章にて詳しく言及する）。

そして続く次章では、なぜＶＬが社会そして教育において長年に渡り注目され、推進のための取り組みが多方で行われているのかについて、その理由を認知心理学的なメカニズムの視点から紹介していく。

第3章　教育戦略としてのＶＬ
——認知心理学の視点から

〝映画（motion picture）は教育システムに革命を起こす宿命にあり、数年後には教科書の使用に取って代わるだろう[1]〞

冒頭のエピグラフは発明家として知られるトーマス・エジソン（Thomas Alva Edison, 1847-1931）が１９２２年に述べたものである。巻頭に掲げた〝A picture is worth a thousand words〞（言葉による説明よりも1枚の画によって効果的に意味や本質を伝えることができる）が、とりわけ分野や領域を限定して述べられたものではないのに対し、エジソンの発言は教育分野へと特化した形で言及されており、やや予言めいた発言となっている。彼の一節を拝借したのには、本章にて映画（motion picture）を含めたビジュアルを教育において活用することの意味、ＶＬの重要性に切り込んで考察していくためである。教育分野に注目するのには、第2章で言及したVLの研究が大きく3つの分類（〝教育戦略としてのVL〟、〝人間の能力としてのVL〟、そして〝アイデア創出促進としてのVL〟）に集約可能[2]な点と関連している。なぜ教育戦略としてVLが注目されているのかを含め、この章にて言及していく。

エジソンが触れた映画をはじめ、ビジュアルの情報伝達効果を検討してきたのは、主に教育分野であった。複雑かつ膨大な量の知識をいかに的確に伝えていくのか、特に教育教材としてのビジュアルに注目が集まり、映像技術、インターネット等、新たな技術革新が生じるたびに、教育分野での活用および学習促進効果が期待されてきた。しかし、ビジュアルが本当に情報伝達に貢献しうるのかについては、伝える情報の違い、伝達後の能力測定方法・項目（何を目的・仮説とするのか）の違い、そして同じ情報であっても情報の描写方法の違い、すなわちビジュアルそのものの違いによっても情報伝達効果には変化が生じうる[3]ため、研究としての取り組みが細分化している状況が存在する。情報の記憶を促進したいのか、それとも課題の再認識を行いたいのかによっても、最大限に効果を発揮しうる好ましいビジュアルは異なることがこれまでの研究で明らかになっており[4]、全てのビジュアルが無条件に“A picture is worth a thousand words”である、とは断言できないのである。

では、ビジュアルを用いて言葉よりも円滑に情報伝達を行うには、どのような条件が求められるのだろうか。その基礎的な条件を模索し、応用を試みているのが教育分野である。教育とビジュアルは切っても切り離せない関係を保持しており、ACRLのVL定義もまた、学習や研究のサイクルを支援することを目的に、教育の文脈で発生するビジュアルに関するコミュニケーションに焦点を当てて提起されているなど[5]、ビジュアルの活用を模索していくには、教育的な側面からの視点が必要不可欠となるのである。

そして、ビジュアルが教育へもたらしうる可能性を強調するだけでなく、ビジュアルが教育へともたらす様々な効果のプロセスの解明と、その再現性を示していくためには、認知心理学分野のアプローチ・知見も合わせて鍵となってくる。本章で言及する認知心理学分野とは、言語、記憶、知覚、思考などを行う際の人の心的プロセスを科学的に研究する学問を指し[6]、科学的根拠を元に情報伝達におけるビジュアルおよびVLの重要性について議論することのできる学問の一つである。

ゆえに本章では、以下より教育戦略としてのVLの重要性が主張される際に度々用いられる、認知心理学的なアプローチについて言及し、科学に基づいた理論的な知見と共にVLがどのように注目されているのかについて覗いていく。

二重符号化理論（Dual-coding theory）

教育および学習の重要な要因として、〝記憶〟があげられる。記憶するだけが教育・学習ではないが、教育および学習を発展的なものとして積み上げていくには、記憶したこれまでの知見や経験を自由に取り出したり、記憶したもの同士を関連づけたり、さらに複合的な知識を用いて予測を立てることが求められよう。

第1章では、リテラシーを獲得することは個人のアイデンティティに影響を与える可能性があると言及したが、記憶に関しても同様のことが言えるであろう。知識や過去の出来事が記憶されていなければ、言語や人間関係を形成することは不可能であると考えられ、読み書きとしてのリテラシーもその派生であるVLも、記憶を積み重ねて獲得することができるものであることから、やはり記憶は個々人のアイデンティティに何らかの影響を与える可能性があると捉えることができるのではないだろうか[7]。そうした記憶を促す手段として、ビジュアルの活用が期待されているのである。その根拠の一つとなるのが、二重符号化理論（Dual Coding Theory: DCT）[8]である。

二重符号化理論とは、視覚情報を言語と非言語の2つのカテゴリへと分類する考えを基盤としており、テキスト（視覚的・聴覚的なものを含む）等の言語情報を処理するシステム（Verbal processing systems）と、ビジュアル等の非言語情報を処理するシステム（Visual processing systems）[9]というそれぞれ独立した2つのシステムが人間の認知プロセスに存在すると考える理論である。この理論を唱えたのは心理学者のアラン・ペイヴィオ（Allan Urho Paivio, 1925–2016）である[10]。彼は、具体的な名詞、および抽象的な名詞を用いた記憶実験を実施し、抽象的な名詞よりも具体的な名詞の方が容易に想起されるという結果を得るに至った。ペイヴィオはこの結果を、抽象的な名詞はその対象を脳内にイメージとして喚起することが難しいため、抽象名詞を学習した際には言語処理システムのみが働くが、具体的な名詞であればその対象を脳内にイメージとして想起しやすいため、言語処理システムだけではなく、同時に非言語処理システムが働いているのではないかと考え、両者の処理システムが働くことが記憶の持続に繋がると導き出したのである[11]。加えて、彼が行なった他の記憶実験では、ある概念を単語として1回、絵として1回提示する方が、その概念を単語のみ2回、絵のみ2回提示するよりも成績が優れているという結果も示された[12]。これらの研究を経てペイヴィオは、言語処理システムだけでなく同時に非言語処理システムが働いた場合、すなわち二重に符号化が行われた際に、学習された内容は記憶として保持されやすく、学習効率が上がる可能性を示唆したのである。そのため学習や教育を行う場面では、テキストだけではなく、それに付随したイラストを使用することで学習効率の向上が期待でき、学習者はビジュアルを解釈し理解する行為が求められることとなる。すなわちビジュアルを解釈し理解していくための能力、VLがイラストを用いた学習時の鍵となるため、VL向上は、二重符号化の作用をより円滑に生じさせるためにも重要な視点であることが伺い知れよう。ゆえに教育分野においてVLは、二重符号化理論を背景にした教育戦略としてその重要性が指摘されることが少なくないのである[13]。

しかし二重符号化理論の作用を期待して、教科書やパンフレット等にただ単にビジュアルを入れ込むだけでは、その効果を発揮することは難しい。例えば、提示したある概念に対するテキストとビジュアルが対応していなければ、ビジュアルによる理解・記憶促進効果は発揮されないことが、他の研究によっても示されている[14]だけでなく、テキストとビジュアルが対応していない場合、学習者の多くは、テキストよりもビジュアルの情報を記憶・理解し、テキストの内容を学習しにくい状態になることも示唆されているのだ[15]。では、テキストとビジュアルが対応をしていればいかなる時でも二重符号化を起こせるかというと、必ずしもそうとは限らない点も二重符号化の難しい点である。例えば、学習者の注意がビジュアルによって逸らされてしまう可能性なども危惧されており[16]、的確に二重符号化の作用を生じさせるには、テキストに対し、どのようなビジュアルが適しているのかを、細やかに検討し分類していく必要が求められるのである。さらに、適切性の判断はビジュアルだけでなく、テキストにも同様の点が指摘される。〝テキスト〟と一口に言っても、学習時に提示されたテキストの内容が、ビジュアルによって描写された内容そのものの記述であるのか、それとも、類推が必要（関連性はあるが、ビジュアルそのものの描写とは異なる）な内容であるのかによっても、学習者への記憶および対象の理解促進度が変化することが明らかとなっており[17]、二重符号化を生じさせるには、ビジュアルだけでなく、テキストそのものの分類も合わせて検討し、ビジュアルとテキストそれぞれのベストマッチな組み合わせを、様々な状況や情報に応じて模索していくことが求められるのだ。

これらの点から、二重符号化は、理論上、学習を促進させるために有効な手段であり、VLの重要性を語る上で外せない理論の一つであることが明らかである。しかし、先に示したように、使用するテキスト・ビジュアルの十分な吟味が必要であることがこれまでの研究からも明らかであり、常に学習・教育の場面で的確に理論を活用することは難しい状況であることが伺えよう。しかし、この二重符号化をより促進させるためのビジュアルを吟味する手段として、ACRLが定義したVLのキーコンピテンシー（基礎能力）等の細やかな視点が貢献しうるのではないかと推測されるのである。ACRLのVL定義にて言及されたキーコンピテンシーの中には〝ビジュアル情報の意味を解釈し、分析することができる〟（基礎能力③）や〝異なる目的のためにビジュアルを効果的に使用することができる〟（基礎能力⑤）といった能力が言及されている。同じく、この二重符号化の作用を学習を通して生じさせるためにも、上記の2点はビジュアルとテキストの関係を議論する際に重要な視点と捉えることができるだろう。例えば既存の教材に対して、テキストとビジュアルが効果的に使われているかを吟味し、より適切な案を提示するためにビジュアルの解釈・分析を行うことは欠かせない視点であり、加えて、同じ情報であっても目的や伝える対象によって適切なビジュアルが異なる可能性を議論することも、複数の視点を入れて議論できるという意味で意義のある取り組みとなっていくだろう。第2章でも示したように、ACRLのVLでは1つのキーコンピテンシー（基礎能力）に対し、複数のパフォーマンス指標、および学習成果が設定されており、それらの枠組みを手がかりにしてテキストおよびビジュアルの条件を吟味していくことで、これまでの二重符号化作用における課題をより小さくしていくことが期待できるのではないだろうか。ゆえにこの二重符号化理論はVLの重要性を指摘するためだけでなく、二重符号化理論をより強化するためにもVLが重要であり、双方が互いに補完関係にあると考えられるのである。

認知負荷理論（Cognitive load theory: CLT）

学習において〝記憶〟は重要な要素であると先に述べたが、一口に記憶と言っても一時的に保持される短期記憶なのか、それとも長期的に保持される長期記憶なのか等〝記憶〟そのものにも違いが存在する。ここでは、得られた情報を保持しつつ使用することが可能な認知システム、ワーキングメモリ（Working memory）に注目していく。

ワーキングメモリとは、学習、推論、理解などの複雑な認知タスクを実行するために必要な、情報の短期的な維持と操作に関するモデルを指し[18]〝短期記憶〟と同義で用いられることも少なくない。しかし、短期記憶が情報を一時的に維持する意味であるのに対し、ワーキングメモリは記憶の維持だけでなく、記憶の操作も含めたモデルを意味している点[19]で両者には差異がある。ワーキングメモリをめぐる理論や考え方は多数存在しており（例えば、ワーキングメモリは長期記憶の一部として機能すると考える理論[20]や、ワーキングメモリそのものが多成分から構成されるという理論[21]や、長期記憶との関連性[22]、そしてそのキャパシティについても、現在様々な見解が存在する[23]）、それら全てについて本書で言及することは割愛するが（興味のある方は参考文献を元に探求願いたい）、ワーキングメモリの容量に限りがあることは確かであり、人々が何かを学ぶ際にもこのメモリの容量が影響を与えるのではないかという考えを軸とし、教育戦略としてのＶＬにも大きく影響を与える点を覗いていく。

過去の研究では、人間がワーキングメモリに記憶する際の情報の塊を、チャンク（Chunks）と称し、7つ程度（7±2、magical number seven と呼ばれる）のチャンクが一度の記憶の限界であると考えられていた[24]。面白いことに何をチャンクとするかは、既に有している知識によっても異なり、例えば、〝ODA〟という3つのアルファベットの文字列を記憶する場合、この文字に関連する知識を有していなければ〝O・D・A〟と3つの音素にセグメントし3つのチャンクと捉える方法もあれば〝ODA〟（政府開発援助や、日本人の苗字の〝おださん〟として）として既存の知識と結び付けて1つのチャンクと捉えるなどという状況が発生する。また、情報の種類によってもどれだけのチャンクを記憶できるのかは異なっており、正確な量は現在も検討され続けているが、限界があることは確かだと考えられている。そしてこのようにワーキングメモリに限界があることは、教育を行う際にも重要な意味を持ってくる。例えば、新たに学んだことをより円滑に記憶として留めておくためには、このワーキングメモリが飽和しないよう、不要な認知の負荷（ワーキングメモリの使用量）を避け、学習内容を知識として長期的に記憶することが、教育のサイクルを回していくための鍵となるのである。そして学習の円滑化に向け、メモリ飽和の状況をより詳細に解釈し、最良の教育手法について議論するために導き出されたのが、認知負荷理論（Cognitive Load theory: CLT）[25]と呼ばれる理論である。

　認知負荷理論の〝認知負荷〟とはワーキングメモリの使用量のことを指し、認知負荷理論は学習者の知的パフォーマンスを最適化し[26]、より効率よく学習を促すための[27]ガイドラインを提供することを目的として設計された考え方である。提唱者のジョン・スウェラー（John Sweller 1946–）は、認知負荷の総量は以下の3種の認知負荷の合計で表すことができると示している。[28]

1つは、学習対象に内在する本質的な性質によって引き起こされる認知負荷で①内在性認知負荷（Intrinsic cognitive load, 以下ＩＬ）と呼ばれるものである。[29] 何かを学習する際には少なからずこのＩＬが含まれており、学習対象の本質的な性質（学習対象の難しさ等）は固定されていると想定され、教育的処置によって操作できないと考えられている負荷である。[30]

2つ目の認知負荷は②外在性認知負荷（Extraneous cognitive load, 以下ＥＬ）であり、[31] 指導の形式によって引き起こされる認知負荷のことを指す。この指導の形式には、学習教材のデザインや構成に起因する負荷も含まれており、[32] それらを適切に構成することで、学習時の不要な負荷を避けられると考えられている。そのため、これまでの多くの認知負荷理論の研究では、このＥＬをいかに軽減していけるのかという点に力が注がれてきた。[33] ＶＬと最も関係があるのがこのＥＬである。

そして3つ目は③適切な認知負荷（Germane cognitive load, 以下ＧＬ）と呼ばれる、[34] 学習時に必要な〝良い負荷〟と考えられているものである。例えば変動性の高い問題（例：様々な条件下が考えられ、それによって結果が異なるような問題）と、変動性の低い問題（例：単純な数式のように、結果が変わらない問題）がそれぞれ学習者にどのような影響を与えるかを調査した実験では、[35] 変動性が高いことで認知負荷を増加させていたのにも関わらず、変動性の高い問題を回答した学生の方が、変動性の低い問題に答えた被験者よりも高い学習効果を示したという事例が存在する。このように負荷があるにも関わらず学習効率が上がった事象を説明するために用いられたのがこのＧＬである。

GLは〝良い負荷〟、すなわち学習に必要かつ、プラスの効果をもたらすと解釈されており、学習過程において可能な限りGLを増加させるべきであるという指摘[36]も見受けられる程である。

とりわけ本章では、これら3つの認知負荷の相互の関係性に注目していきたい。特に、この3つの負荷のバランスがうまく取れないことで、学習が円滑に行われないことが考えられるのである。例えば、IL（内在性認知負荷）が高い、すなわち学習対象固有の認知負荷が高い内容を学習する場合、その教示が適切に行われなければ学習者には多大なEL（外在性認知負荷）がかかり、ILとELの2つの認知負荷によって、学習者のワーキングメモリを占拠してしまう可能性が生じてくる。すると、学習を促進すると考えられている認知負荷、GLが負荷をかけるワーキングメモリ容量がなくなってしまい、学習者の学習行為を妨げてしまう可能性が指摘されるのである。学習をより円滑に促進していくためには、GLが十分に負荷をかけられるだけのワーキングメモリ容量が必要となるため、その容量スペースをいかに確保するのかが課題となってくる。しかし先に示した通り、ILは学習対象固有の認知負荷と考えられているため、ILそのものの認知負荷を減らしていくことは難しい。そのため、ワーキングメモリ容量を確保するためにEL、すなわち教示の仕方を工夫することで、いかにELの負荷を減らしていけるかが学習者の学習促進のために重要な視点となってくるのである[37]。特に、ELの不必要な負荷を減らすためにはビジュアルの的確な使用が欠かせないと考えられており、VLとの関連が指摘されるのだ。

例えば、テキストとビジュアルが相互に同じ情報を繰り返し提示したとしても、学習効果は上がらないが、ビジュアルで補うことができる情報をテキストから排除することで、学習者の学習効果が高まったという知見が存在する(38)。これは、テキストとビジュアルが同時に同じ認知負荷をかけるのではなく、同じ題材であるがそれぞれが異なる内容を示すことで、ＥＬの不必要な負荷を学習者から減らすことに成功した事例である。学習効果が高まらない状況は、“冗長”（redundancy）(39)と呼ばれ、冗長によって学習の促進が妨げられる状況は、冗長性効果（Redundancy effect）と表現される。そのため、この冗長性を減らし冗長性効果を生じさせないように努めることが、ＥＬによる不必要な負荷を減らす可能性、すなわち学習効果を高めることへと繋がっていくのである。しかし、ただ単にテキストとビジュアルが同じ情報を繰り返さなければ良いというものではない。学習する情報が、数式（テキスト情報）とグラフ（ビジュアル情報）の関係のように、より両者が抽象的な情報であればあるだけ、一方の表現から他方の表現へ情報の変換を行う際に、テキストおよびビジュアルの両者が示されていることで学習者が深い理解を示すと考える理論もあるなど(40)、全ての学習内容においてテキストとビジュアルが相互に同じ情報を繰り返さなければいい、とは言い切れないのもまた複雑な点である。そのためこの冗長性をいかに減らしていけるかは、扱う学習題材における性質や特性によって大きく変化することが考えられるのだ。加えてビジュアル情報に対し、テキスト情報が不足しすぎてしまうと（例えば、言葉による説明が必要な程複雑な幾何学図に説明が足りていないなど）、学習者はビジュアル情報とテキスト情報を統合できず、ビジュアルが理解の妨げになる可能性なども指摘されており、このような作用は注意分断効果（Split-attention effect）と呼ばれている[41]。また自身でビジュアルとテキスト情報を統合させようとする際には、ワーキングメモリへの負荷がかかってしまい、ＧＬが負荷をかけるためのスペースを圧迫するため、２つの情報を空間上の近い位置に配置し、テキストとビジュアル２つの情報源を可能な限り統合することで、分離された情報源の余計な認知負荷を大幅に軽減できると考えられているなど[42]、テキスト・ビジュアルそのものの内容の性質や情報の違いに加えて、配置のためのデザインも学習促進の大きな鍵となることが伺えるのである。以上の事例から学習方法の工夫によるＥＬの削減には、学習教材のデザインや構成が大きく関わっていることが理解できよう。そのため学習教材がＥＬ削減のために精巧に作られていることが求められるだけでなく、その教材を背景にして、学習方法の教示者が学習教材との関係を考慮した発言を行わなければ[43]、ＥＬの負荷は減少せず、学習に必要な認知負荷であるＧＬをかけられるスペースが生じえないのである。

このような状況を踏まえ認知負荷理論とＶＬとの関係を見ていくと、認知負荷理論において、冗長性のある認知負荷、ＥＬを削減していくためには、情報に沿った適切なビジュアルの活用が鍵となってくる。そして適切にビジュアルを活用していくための能力として、ＡＣＲＬのＶＬキーコンピテンシー（基礎能力）を応用していくことが期待されるのである。言い換えれば、ＶＬキーコンピテンシーを教育戦略として促進していくことで、高い学習効果が期待できるのである。

ＡＣＲＬのＶＬキーコンピテンシーに当てはめれば〝必要とされるビジュアル（教材）の性質と範囲を決定することができる〟（基礎能力①）や〝ビジュアルとその情報源を評価することができ

る〟（基礎能力④）、といった能力をとりわけ教育に従事する人々に対し促進することで、ELを削減しより効果的な学習教材を構築していくことが期待されよう。特に基礎能力④のパフォーマンス指標には、〝ビジュアルに付随する文字情報を評価することができる〟という項目が含まれており、このような能力は教育者にとっても、そして教育を受ける側にとっても、学習教材をより効率的に活用していくために重要な能力として位置づけられるのではないだろうか。例えば教材作成を担う人々が、ELを削減するような（VL基礎能力の①、④のような）視点を持ちえていたならば、その視点が教材のデザインや構成にも反映されることで、その教材を使用した教育者が担当する学習者にかかるELを削減することも思案されよう。

このように、認知負荷理論の仕組みを見ていくと、VLキーコンピテンシーを伸ばしていくことは、3種の認知負荷を学習効率が高まるようバランスよく保つことにも貢献しうる可能性があるだけでなく、教育に関わる多くの人が、ビジュアルとテキストを効果的に使用していくためのトレーニングとしてVLを捉えることも、認知負荷理論の促進およびVLそのものの促進にもつながっていくのである。

このように、教育戦略としてのVLを支える上で重要となりうる2つの理論について言及したが、それぞれは完璧な理論ではなく様々な課題点が存在する点は、先に言及したいくつかの事例からも明らかである。その中でも教育に従事する人のVLを高め、先の2つの理論をより具体的な形にしていくためには、それぞれの作用が起こりうる要素を特定し、教育の場面でどのような効果や程度が生じうるのかを理論的に測定する[44]ことが求められよう。更に他の同様の取り組みと比較していくなど、科学的な知見の更なる積み重ねも併せて求められる点であり、それらの取組によってＶＬそのものの深い理解にも繋がっていくのではないだろうかと思索される。

本章で提示した知見は、主に教育学や認知心理学の専門分野ではよく用いられる理論である。しかし近年では、学問領域が拡大し分野と分野を横断する学際的な分野の研究が活発になりつつあり、教育戦略としてのＶＬもその一例として捉えられるだけでなく、それぞれに知見を共有し合うことで、今後新たなプロセスの発見や具体的な教材の作成方法など、教育の現場へと即座に還元できるような知見が生まれることが期待されよう。一つの理論を一つの分野から覗くのではなく、複数の視点から覗くことで課題解決への糸口を見出せるように、ＶＬはビジュアルを通して他の分野との関係を繋いでいる点で、学際的な取り組みの橋渡し役として機能しているのではないだろうか。そしてビジュアルを介して繋がることから、ＶＬは教育分野だけでなく、他の分野とも非常に親和性が高い理論でもある。では、どのような分野にどういった可能性を与えることができるのか。次章以降では、代表されるいくつかの分野でのＶＬの重要性および課題について覗いていく。

第4章　図書館情報学とビジュアルリテラシー

図書館と聞くと、どのような印象を思い浮かべるだろうか。馴染みがある、もしくは縁遠い場所だと思う等、人によって図書館との関わり方はそれぞれであるため、抱く印象も千差万別であろう。しかし、その機能はどの図書館においても同様であり、本や資料を貯蔵し、管理し、そして閲覧や貸し出し、複写の機会を利用者に提供してくれる。本章では、この図書館そのものの機能や図書館情報学的な視点とその取り組みに焦点を当て、それらがどのような点でＶＬと関連性があるのか、さらに両者の関係にはどのような可能性があり、ＶＬそのものの教育にどう貢献しうるのかについて以下より検討していきたい。

第3章では教育分野、認知心理学分野の知見を取り上げ、教育戦略としてのＶＬの重要性を指摘してきたが、そこでは教育戦略としてのＶＬの重要性が指摘されたのみであり、実際の教育現場へとＶＬを普及させるための重要なプロセスを示すには至っていない。そのため、ＶＬをどのように教育するべきなのか、また誰がその役割を担うのか、もしくは適切に担うことができるのか、といった課題が残されている状態である。そして、この課題を解決するための視点として期待されるのが、図書館組織の運営および役割の学術的知見を担う、図書館情報学である。

本書のＶＬの定義として、大学・研究図書館協会（ＡＣＲＬ）の高等教育におけるコンピテンシー基準（ACRL Visual Literacy Competency Standards for Higher Education, 2011）を参照したように、ＶＬにおいて図書館情報学とは、その重要性を説明するための視点を与えてくれるだけではなく、それらの視点を起点に様々な分野の学習へ応用するための道筋を示す、ＶＬそのものの教育の入り口を構築するために必要不可欠な分野でもある。以下より、その関係性と今後の展望について言及していくが、まずは図書館情報学とはどのような学問を指すのかについて覗いていく。

図書館情報学とは

図書館情報学（Library and information science）とは、図書館における内部運営や技術等を対象とした学問である図書館学（Library science）と、ドキュメンテーション科学から派生した情報科学（Information science）を融合し、発展させた学問である(1)。図書館情報学の基本的な課題は、情報と情報資源の組織化(2)、および組織化することで生まれる組織化されたものへのアクセス、収集、保護・規制などを試みることであり、情報に対するデータ、いわゆるメタデータ（情報検索システムにおいて検索の対象となるデータを要約したデータを指し、図書であれば書誌情報である著者名、書名、発行所、発行年、ＩＳＢＮ等が該当する）を付与し、情報アーキテクチャを構築することである。

例えば図書館における図書分類などは、その組織化の取り組みの一つであり図書という情報を記述するためのメタデータの一例である。図書には、記載された内容に応じて図書分類法（日本十進分類法ＮＤＣ：０から９を用いて十進分類法で大まかなものから細かなものの順で分類を行う手法）[3]を用いて、個々の本を識別するための数字が付される。付された数字は、多数の図書から特定の一つを見つけ出す手段として、また図書それぞれを適切に管理する手段として機能し、図書の記録・識別、および書誌管理を実現し、誰でも簡単に知的生産物へアクセスできるような環境を整えることに貢献するのである。[4]

このような環境の整備は、人々と図書を繋ぐためのコミュニケーションの場の提供という捉え方もできるであろう。もちろん、情報と情報資源の組織化、そして人と情報を繋ぐためのコミュニケーションの場の構築は図書情報に限ったことではなく、無形の情報資源に対しても広く実施されており、インターネットの爆発的な普及に起因していると考えられている。

これまで情報を後世に引き継いでいくためには、書籍のように紙を媒介するなど、有形の対象に情報を記述しなければ、その記録を保存することができなかった。しかしインターネットが誕生し、オンライン上に情報を記述することができるようになり、環境さえ整えば誰でも時間や空間に縛られることなく、情報にアクセスすることができるようになったことで、インターネットでの情報の取得が加速し数多の情報が生成され、生成されたそれらが情報を記述・識別・管理するためのデータベースやアーカイブという仕組みを必要としたのである[5]。

例えばインターネットに存在する身近なデータベースの例として、オンライン百科事典のウィキペディア（Wikipedia）があげられよう。一つの単語を調べると関連ワードが示され、文章を構成する際に用いられる他の用語についてもその意味へと飛べるよう、別のページのリンクが付されている。もちろん用語の意味であれば、サーチエンジンに言葉を入れれば無数の回答がインターネット上から提示されるが、それらの意味の担保や根拠を示すためにウィキペディアでは、脚注にて情報の根拠を補完することが可能となっている。ゆえに一つの単語であっても、別の単語の情報や脚注情報など様々な種類の情報によって構成されており、それらを組織化し管理するため、ウィキペディアは一種の情報データベースとして機能しているのである。ウィキペディアをはじめインターネットを介したデータベースやアーカイブを活用することも、図書館情報学的なシステムに触れている状態であると考えると、図書館には馴染みがないと思っていた人であっても、図書館情報学的システムには馴染みがあるという人は多いのではないだろうか。そしてインターネットの利用拡大およびデジタル技術の革新が進み、図書情報に限らず情報と情報資源の組織化の取り組みが他分野へと広がりを見せたことで、図書館情報学は学際的な学問体系として多くの分野に広がっていったのである[6]。

このようにインターネット上における情報が日々蓄積し膨大になることで、図書館情報学的な視点を用いて情報を組織化する必要が出てきただけでなく、組織化されたそれらは、開かれた公共の財産として認識され広く自由に活用されることを推奨してきた。いわゆる情報のオープン化が行われてきたことで、特定の専門家や研究者、特定の国だけがアクセスできる閉じた状態ではなく、公に開けた状態にすることで生じうる利点や弊害も考えられよう。そしてこの情報のオープン化は、ＶＬ教育を推進することとの重要性とも関連してくるのである。

公共の財産としての情報

科学的な知識は社会的な共同作業の産物であるため、その所有権は科学コミュニティに帰属するものであり、経済的な観点から見ても、公的な研究によって生み出された科学的なアウトプットは、誰もが無償で利用できるべき公共財である(7)。

右の主張は、世界中で進むオープンサイエンス（Open Science：以下ＯＳ）の流れを支えている社会学的な見解の一つである。ＯＳとは、科学研究やそのデータ、およびそれらの普及を社会のあらゆるレベルで利用できるようにしようという動きで、研究とその基礎となるデータや方法の再利用・再配布・複製を許可することで、全ての人が科学的な営みに参画できるだけでなく、知識を平等に拡散し、平等にアクセスできるようにすることを目指すものである。[8]例えば、査読の過程を経ず論文の著者が自身の成果を迅速に公開するために、学術雑誌の専門のサーバーに論文を投稿することで成果を広く公に公表できるプレプリント（Pre-print）の取り組みもこのＯＳの一環である。[9]ＯＳは最終的な到達点として〝オープン〟という形容詞を必要としない状態、すなわち科学がデフォルトで開かれた状態になることを目指しており[10]〝公共的な知識や公共的な財産は、誰でも無料で利用可能であるべきである〟という考え方は、様々なＯＳの仕組みが整っていく様子からも日に日に勢いを増してきて広がっているように思われる。このＯＳも、情報と情報資源の組織化——情報を記述・識別、および管理し新たなデータアーカイブ、データベースを開発する動き——の一つであり、プラットフォームが作られることで使用者は蓄積された情報にアクセスし、新たな知見や見識を得ることが可能となる。加えてそれらを活用して更に新たな知見を発見するというプロセス、検索・分析・活用・作成・提示、すなわち教育・研究活動のサイクルへと繋げることが期待されるのである。[11]

このように、オープンな体制を徐々に構築しつつある科学分野であるが〝公共的な知識や公共的な財産は、誰でも無料で利用可能であるべきである〟という状況を求めるのは、科学だけではなく、人文学的な知識（文字情報や芸術作品等）についても同傾向にある。近年では、図書館と同じように芸術作品を管理している美術館や博物館も、所蔵品をデジタルデータ（画像や映像等）として管理し、インターネットを介して誰でも検索・アクセスできるようなサービスを提供するなど、知識・知財の公共化があらゆる分野において進められている。[12] 情報と情報資源の組織化は、もはや言語情報だけが対象ではなくビジュアルを含めたデジタル化可能な全ての情報が対象となり、ＯＳ同様、その知識を適切に活用し教育・研究活動のサイクルへと繋げることが期待されているのである。

このように公共の財産として情報を公開することには利点がある一方で、欠点も存在する。例えば誰でも利用できる形で公開すること、すなわちデジタルデータ化し、オンライン上で閲覧できるようにすることで、インターネット上には真に適切な出典元を提供している情報と、出典元から取得したものを逸脱のない範囲で加工（データそのものの場合もあれば、情報を自分なりに文章で再構築することも該当するだろう）したもの、そして元の情報を歪めるような範囲の加工品等、複数のそれらしい情報が同時に存在する混沌とした状況を作り出す可能性も秘めているのである。

先のＯＳの例で言えば、とりわけプレプリントのシステムそのものが公共の財としての欠点を後押しする可能性が指摘されよう。本来プレプリントは研究者コミュニティで閲覧されることを想定しているため、突拍子もない知見や論文に出くわせば研究者は警戒心を持って対応することができるが、ＯＳは開かれているがゆえにアクセスできるのは研究者だけではない。例えば非科学コミュニティの人々や報道機関等、審査を経ていないプレプリントと査読付き論文の違い[13]を理解していない人々が情報を取得した場合、突拍子もない情報を鵜呑みにし、時期尚早な報道を行なったり、不確かな知見が市民によって確かな情報であるかのように拡散されていく可能性が懸念される[14]のである。

実際、2020年に世界的な大流行となったCovid‐19（SARS-CoV-2，通称：新型コロナウィルス）の流行初期では、科学コミュニティ全体に新たな知見を還元するべく、プレプリントでの知見の共有が活発に行われた。2020年に発表されたCovid‐19論文のうち、全体の17％から30％程度、約3万件以上がプレプリントとして共有されるなど[(15)]、膨大な数が情報として行き交っていた。報道機関や非科学コミュニティでは、査読を経ていないため不確かであるが、可能性として考えられるそれらの情報を〝最新の情報〟として扱っていたところも少なくない。Covid‐19以前には、プレプリントの内容自体が報道され、広く情報拡散されることは少なく[(16)]、開かれた情報群というプレプリントのシステムがジャーナリズムそのものに影響を与えたのではないかという観察もなされているほど、実際の報道に大きな影響を与えたのである[(17)]。

この様な状況を避けるためにも組織化された情報群を活用する際には、それらに精通している人々による何らかのアシストが必要なことが想定されよう。いわゆる情報リテラシー（Information Literacy：以下IL）の取り組みに該当するが、このILもまたこれまでに、誰がIL向上のためのアシストを担うべきなのかという課題に直面してきた。しかし、組織化された情報群を活用する取り組みは今に始まったことではなく、図書館情報学の分野が長年取り組んできた課題でもあるため図書館情報学の実践の場でもある図書館にて、図書館業務に当たる図書館司書、および図書館組織全体でアシスト業務を担うべく取り組みが行われてきた。図書館組織はIL教育をアシストするため、それらを学習可能な形式で明示することで、公共財としての情報によって生じうる課題を解決することを目指しＩＬ向上のための教育業務の推進を行ってきたのである。

ＩＬとＶＬ

ＩＬはＶＬと同様、情報を対象としたリテラシーであり、数多存在する情報から適切な情報を探し、情報がどのように生産され評価されているのかを理解し、的確に使用することができる能力のことを指す。[18] ＩＬの定義についてもこれまでに様々な議論が生じたが、[19] その舵を取ってきたのはＶＬと同じく米国図書館協会であった。１９８９年には情報リテラシーの重要性（身につけるための機会創出の必要性、情報時代における学校のあり方について等）を提示し、[20] ２０００年には大学・研究図書館協会（ＡＣＲＬ）が高等教育のためのＩＬコンピテンシーの指針（Information Literacy Competency Standards for Higher Education）[21] を作成。ＶＬと同様に、５つの基本能力と22のパフォーマンス指標、そして90以上の学習成果を細かく定義することで、教育可能な体制を整えてきたのである。現在では米国だけでなく、国際連合教育科学文化機関（United Nations Educational, Scientific and Cultural Organization：以下ＵＮＥＳＣＯ）や、国際図書館連盟（International Federation of Library Associations and Institutions：以下ＩＦＬＡ）もＩＬの積極的な推進を行なっている。とりわけＵＮＥＳＣＯはＩＬを〝21世紀における社会や文化、そして国とコミュニティの経済発展の鍵〟と表現し、ＩＬの習得は〝生涯学習における基本的人権の一部だ〟と提言し、[22] それを反映するように現在世界各国ではＩＬ向上に向けた教育が行われている。しかし、２０１６年ＡＣＲＬはこれまでの定義や提言を一度取り下げ、基礎能力を提示する形式から脱却し一連のコア・アイデアを提供する枠組み、Framework for Information Literacy for Higher Education を策定し発表した。基礎能力やパフォーマンス指標という考え方の代わりに６つのコアコンセプトを定め、これまでのＩＬの教育とは異なる改革を実施したのである[23]。

その背景には、時代やテクノロジーの変化と共に新たな課題が図書館組織の義務の一つである情報の組織化、そして知識の適切な使用サイクルの構築へと影響している点が考えられよう。時代と共に情報のあり方が変わることで、その指針も変化していくことがＩＬの例からも見て取れるのである。

これらの事例から読み取れるようにＩＬとＶＬは共に、データベースやアーカイブ等、数多の組織化された情報の管理を担う図書館組織がその教育事業のイニシアチブをとってきたことが見て取れる。そして、情報の進歩はテクノロジーの進歩に付随して幾重にもその伝達方法やフォーマットを変化させてきたため、テクノロジーが進歩することで当初のＩＬの範囲では包括しきれなかった[25]能力の一部としてＶＬがあがり、ＶＬはＩＬとは別々に、米国図書館協会によってコンピテンシー指針が作成され教育を推し進めているというのが現況である。

ＩＬの教育を推し進め、ＩＬを身につけた人材を育成することで期待されるのは、知識の適切な循環である。混沌とした情報の海へ航海に出る際に、常に図書館司書および図書館組織全体が傍でアシストすることがなくとも、ＩＬを身につけた人材が増えることで個々人が情報を批判的に分析し、さらに適切な情報を提示できるような土壌を整えることができるだけでなく、アウトプットされる情報も、元の情報を歪める様な加工品が減る可能性があり、人材が増えることで情報の海を穏やかな状態へと変化させることができるのではないかという展望が見出されるのだ。そしてビジュアルが日々の情報に広く入り込むようになった今、図書館組織は図書館司書を介して全ての教育・研究活動の基盤である、検索・分析・活用・作成・提示のサイクルを循環させるための最初の入り口として、ＩＬと同様にＶＬ向上を目指した教育を実践するための取り組みを進めている。このＩＬおよびＶＬ両方の基礎ができてこそ、知識の循環が適切に行われるため、これらの取り組みはその循環を担う高等教育において注目されているだけではなく、高等教育以前から身につけておくことが重要なのではないかとも議論されている(26)のである。

しかし図書館組織の中では、図書館司書は情報の組織化のプロフェッショナルであってもビジュアル情報のプロフェッショナルではないため、それらを適切に教育として学習者に提供できるのかという不安が上がっているのも事実である(27)。主にテキスト情報をメインの対象としていたＩＬと比較しＶＬにはビジュアル特有の課題が存在するため、ＩＬでは必要とされなかったＶＬ特有の能力が求められるためである。しかしＩＬについても、同様の不安が過去に指摘されており、ＩＬの基本的な構造や知識については図書館司書および、図書館組織全体で教育業務を担えるものの、それぞれの分野特有の高度な情報を扱う場合には、その分野独自の知見が必要になるため各分野において教育を担う人々と共に、教育体制を構築していく必要性が指摘されていたのである。これらの課題を解決するため、ACRLは教育方法そのものを根本的に変えるべく、先に記述した2000年のILのコンピテンシー指針に変えて、2016年に新たな枠組みを作成し他分野とのコラボレーションの可能性について示唆している。

コラム　米国の図書館司書と日本の図書館司書の違い

VLの教育を担うのは図書館司書であろうという考え方は、米国のACRLの考え方に基づいた指摘である。日本の状況と照らし合わせると少し違和感を持った方もいらっしゃるかもしれないが、これは米国と日本での司書の位置付けが多少異なっているという点が影響していると考えられる。

米国では、米国図書館協会が認定する教育機関にて図書館情報学の修士課程を修了することで司書資格を得られる。一方日本では、文部科学省の「司書になるためには」を参照すると、以下の点を資格取得の条件としている。[28]

1）大学（短大を含む）又は高等専門学校卒業生が司書講習を修了し資格を得る。

2）大学（短大を含む）で司書資格取得に必要な科目を履修し卒業を待って資格を得る。（通信制・夜間・科目等履修を含む）

↓

3）3年以上司書補としての勤務経験者が司書講習を修了し資格を得る。

専門性の高さという意味では米国は修士課程の修了を必須要件としているため、日本に比べ図書館業務および図書館情報学のより専門的な教育を享受できることが推測されよう。この専門性というのは、図書館情報学分野の知識だけではなく各分野における最新の知見等も含まれると考えられる。

例えば、著者は東京藝術大学の修士在学時に大学図書館にてアルバイトをしていたが、そこで求められたのは図書館業務の基礎的な知見だけではなく、学術分野に対する最新の知識であった。司書のサポートとして新しく届く図書に書誌情報を付すこと等が主な業務内容であったが、藝大に届く書籍のほとんどは美術・音楽における専門書であり、それらを分類する際には、どのような知見が記載されておりどのカテゴリに分類されるのかを判断するのがとても難しかったことを記憶している（美術もジャンルが拡大し細分化される状況に書籍分類が追いついていないという印象もあった）。そのため、米国のように図書館業務および図書館情報学の専門的な教育を享受することは、現場での業務を円滑化するためにも重要な取り組みであると推測される。

余談であるが、アルバイトの際、基本的には美術の人間は美術の書籍を、音楽の人間は音楽の書籍を分類する。筆者の専門は美術の方であるが、仕事を始めた当初、何かの間違いで音楽の楽譜が自身のノルマに入っていたことがあった。分類に30分以上要したにも関わらず、その分類が間違っていたために大問題となり、いたく怒られたことを今でも記憶している（ゆえに、著者は司書という仕事をとてもリスペクトしている）。

修士課程での専門的な教育を図書館司書に求める、米国図書館協会の取り組みについては以下の HP を参照：http://www.ala.org/

米国図書館協会の特徴的な取り組みとしては、全米初のレズビアン、ゲイ、バイセクシャル、トランスジェンダーの専門組織を１９７０年と早期に設立したことがあげられよう。これはＬＧＢＴＱＩＡ＋の人々の情報ニーズをサポートすることを目的として設立された "Rainbow Round Table"[29] の前身であり、情報のプロフェッショナルである司書が、広く市民へ向けて米国の多様性を発信する取り組みを行なうなど[30]、様々な情報のガイド役として図書館組織が活用されている様子を伺うことができる。

ＶＬ教育に向けて——ＩＬとの比較と今後の展望

ＡＣＲＬが２０００年に提示したＩＬコンピテンシーの指針は、複数のキーコンピテンシーに対して、パフォーマンス指標そして学習成果が設置されている（表4-1）。この方式は２０１１年に提示されたＶＬでも踏襲された。ＶＬのキーコンピテンシーと比較するとＩＬの基礎能力と対応関

表 4-1

ACRL VL 基礎能力	基準	ACRL IL 基礎能力	パフォーマンス指標
VL を有する学生は必要とされるビジュアル資料の性質と範囲を決定する	1	IL を有する学生は必要とされる情報の性質と範囲を決定する	1：IL を有する学生は情報の必要性を定義し明確にする 2：IL を有する学生は情報源となりうる様々なタイプやフォーマットを識別する 3：IL を有する学生は必要な情報を得るためのコストとベネフィットを考える 4：IL を有する学生は情報ニーズの特質と規模を再評価する
VL を有する学生は必要なビジュアル情報を効果的かつ効率的に見つけ利用する	2	IL を有する学生は必要な情報を効果的かつ効率的に見つけ利用する	1：IL を有する学生は必要な情報を見つけ、活用するために、適切な調査方法や情報検索システムを選択する 2：IL を有する学生は効果的にデザインされた検索戦略を構築し、実行する 3：IL 有する学生は様々な方法を用いてオンラインまたは対面で情報を取得する 4：IL を有する学生は必要に応じて検索戦略を改良する
			5：IL を有する学生は情報とその情報源を抜粋・記録・管理する

ACRL VL 基礎能力	基準	ACRL IL 基礎能力	パフォーマンス指標
VL を有する学生は ビジュアル情報の意味を解釈し分析する	3	IL を有する学生は 情報とその情報源を批判的に評価し選択した情報を自分の知識ベースと価値観に組み込む	1：IL を有する学生は収取した情報から抜粋すべき主要なアイデアをまとめる 2：IL を有する学生は情報とその情報源両者を評価するための最初の基準を明確にし応用する 3：IL を有する学生は主要なアイデアを統合し新しいコンセプトを構築する 4：IL を有する学生は新しい知識を既存の知識と比較しその情報の付加価値・矛盾点・固有の特徴を判断する 5：IL を有する学生は新しい知識が個人の価値観に影響を与えるかを判断しその違いを調整するステップを取る 6：IL を有する学生は他者・主題領域の専門家や実践者との対話を通して情報の理解・解釈度を検証する 7：IL を有する学生は最初の疑問を修正すべきかどうか判断する
VL を有する学生は ビジュアルとその情報源を評価する	4	IL を有する学生は 個人として、グループの一員として特定の目的を達成するために情報を効果的に利用する	1：IL を有する学生は新しい情報や事前に得た情報を特定の成果物に適用する 2：IL を有する学生は成果物の開発プロセスを見直す

			3：IL を有する学生は成果物を他者へ効果的に伝える
VL を有する学生は ビジュアルを効果的に使用する	5	IL を有する学生は 情報の利用をめぐる経済的・法的・社会的な問題の多くを理解し倫理的かつ合法的に情報にアクセスし利用する	1：IL を有する学生は情報や情報技術を取り巻く倫理的・法的・社会的な問題の多くを理解する 2：IL を有する学生は情報資源へのアクセスと利用にかんする法律・規制・組織の方針・礼儀作法に従う 3：IL を有する学生は成果物を伝える際に情報源を使用することを認識する
VL を有する学生は 意味のあるビジュアルやビジュアルメディアをデザインし作成する	6		
VL を有する学生は ビジュアルやビジュアルメディアの作成と使用を取り巻く倫理的・法的・社会的・経済的な多くの課題を理解し倫理的に視覚資料にアクセスして使用する	7		

学習成果は割愛するため、以下の URL にある PDF 資料を参照。

American Library Association, 2000, Information Literacy Competency Standards for Higher Education

https://alair.ala.org/bitstream/handle/11213/7668/ACRL%20Information%20Literacy%20Competency%20Standards%20for%20Higher%20Education.pdf?sequence=1&isAllowed=y

係にないのは、ＶＬの基礎能力（キーコンピテンシー）３、〝ビジュアル情報の意味を解釈し、分析することができる〟と、６の〝意味のあるビジュアルやビジュアルメディアをデザインし、作成することができる〟の２つである。

ＶＬ基礎能力③のパフォーマンス指標は以下の４つが提示されている。

１）ビジュアルの意図・意味に関連する情報を特定する。
２）文化的・社会的・歴史的な文脈にビジュアルを位置づける。
３）ビジュアルの物質的・技術的・デザイン的構成要素を特定する。
４）他者との対話を通じてビジュアルの解釈と分析の正当性を確認する。

ビジュアルの特徴的な点は、文字情報と違い多様な解釈ができることであろう。明確な答えを意図してビジュアルを使用する場面がある一方で、答えが分からないビジュアルをディスカッションの題材として使用することも考えられるため、２０００年のＩＬのキーコンピテンシーには含まれていないＶＬ独自の能力であると考えられる。

例えば一つの写真についてディスカッションを行った際に、ある人にそれが大きな入道雲に、ある人には火山の爆発に、そしてある人には原爆のキノコ雲に見えることもあるかもしれない。パフォーマンス指標の2にあるように、答えがないビジュアルの分析を人々が行うとき、その分析は個々人が属している文化や社会的・歴史的なビジュアルに結びつきやすい。ある人が只々デザインがカッコイイからと選んだＴシャツが、実はある文化に属する人にとっては侮辱的なサインであったり、悲しみを喚起するようなシンボルである可能性が存在するように、ビジュアルを使用する上で、文化的・社会的・歴史的な背景は必須の検討事項である。存在する全ての文化や歴史において、使用するビジュアルに問題が生じえないかを確認することは極めて難しいが、過去に生じた同様の事例を参照することで〝ビジュアル情報の意味を解釈し分析する〟という基礎能力を適切に獲得していくことができるであろう。

次に、ＶＬ基礎能力⑥のパフォーマンス指標は以下の通り4つ定められている。

1）様々なプロジェクトや学術的な用途のためのビジュアルマテリアルを作成する。
2）ビジュアルやビジュアルメディアの制作において、デザイン戦略と創造性を活用する。
3）様々なツールや技術を使用しビジュアルやビジュアルメディアを制作する。
4）自ら制作したビジュアルプロダクトを評価する。

ＩＬでは情報をデザインすることを求める基礎能力は存在しなかったが、ＶＬでは基礎能力⑥でデザインする能力の開発を求めているだけでなく、デザインした後に成果物を作成することも能力として取り込んでいる。この点はＩＬ教育を担ってきた図書館組織であっても、カバーが難しい能力の1つであると考察される。さらにパフォーマンス指標の2では、創造性（Creativity）という言葉が用いられている。創造性は言葉としても能力としても、ＶＬより定義を行うことが難しい言葉であるが、ＶＬを推進することで創造性を育むことができるという指摘も複数存在する[31]など、ＩＬにはないＶＬにおける特徴的な点としてあげられよう。しかし、創造性を教育するとなった場合、まずどこからが、あるいは何がどうなれば置かれた文脈において〝創造的〟であるのかを明確にしなければならない。また創造的な業務に携わったことがある人材であれば、学習者に教示することは可能かもしれないが、図書館組織、とりわけ図書館司書の方々が担うのであれば、この創造性をどう解釈していくのかが課題であることは疑いようがない（創造性とＶＬの関係と展望については第6章にて詳細に記述する）。

このようにＶＬのキーコンピテンシーを細やかに見ていけば、パフォーマンス指標や学習成果が明示されているものの、それらの能力を実際に教育としてどのように落とし込んでいけるのかという課題が十分に解決されていないことに気づかされる。ＶＬと同様にキーコンピテンシーとパフォーマンス指標、学習成果を定めたＩＬもまた、それらを制定した２０００年以降、同様の課題に直面することとなるのである。

先述した通り、ＡＣＲＬは２０００年に定めたＩＬの提言および定義を全て取り下げた。その背景には、キーコンピテンシーによって示された基礎能力等によって、ＩＬが過度に単純化されて実際の情報利用経験とは乖離しているという認識が広まったことがある。[32]

例えばキーコンピテンシーが示す学習目標は、それぞれの能力についてそのできる幅、すなわち学習成果をどう捉えるのかによっても、能力そのものにばらつきが生じかねない状態をはらんでいる。２０００年の定義では能力開発に対する方法論が欠如しており、教育する側の取り組みすなわち授業内容や教育計画全体にも不明瞭な点が生じてしまうため、教育実施には個々の機関や能力によって大きな違いが見られる状態となっていた。[33] また情報と一口に言っても、それらがどの分野に属するのかによっても情報そのものの活用方法に変化が生じるため、専門領域に合わせたＩＬ教育の基盤を求める声が強くなっていったのである。

そしてこれら従来のＩＬ教育の課題を解決すべく、ＡＣＲＬは２０１６年に新たなＩＬ教育の枠組みとしてFramework for Information Literacy for Higher Educationを制定した。６つのコンセプトである〝手がかり概念（threshold concept）〟（①オーソリティは作られ、状況に基づいている、②プロセスとしての情報創成、③情報は価値を有する、④探求としての研究活動、⑤会話としての学術活動、⑥戦略的調査活動としての探索）、そしてＩＬ概念の理解を深めるための方法である45の〝知識実践（Knowledge Practices）〟、学習の情緒的、態度的、価値観的側面に取り組むための方法を示した38の〝心構え（Dispositions）〟を新たに定めることで、課題解決を試みたのである。[34]

新たなＩＬ教育の枠組みにおいてコンセプトとして用いられた手がかり概念とは、あらゆる分野において、その分野での理解や思考、実践の方法を広げるための通路や入り口となる考え方を指す[35]

ものであり、分野特有の専門知識を身につけるためにも重要な視点となる。例えば分野における重要な概念や知識領域を理解することで、その理解が新たな視点や方法を生み出す中核的な役割を果たすように、新たなＩＬ教育の枠組みにおいても、その概念を理解した結果、身につけた習熟度や能力のことを〝知識実践〟として定めている(36)。そしてこの概念は、純粋に情報分野の知識に限らずあらゆる分野の知識に当てはめられるため、以前のキーコンピテンシーのようなガイドラインやマニュアルとは異なり、教育者の専門性に応じてＩＬのカリキュラムと学習目標を設定することが可能な形となっている。ゆえにこの新たな枠組みにおいては、６つのコンセプトをどのように組み立ててＩＬ育成のためのプログラムを構築するのかは、それを実践する各々に委ねられているのである。そのためその教育に従事するのは図書館組織や図書館司書だけでなく、分野別の教員等も含まれることとなり、それぞれが協力し合うことによって新たなコラボレーションが生まれ、革新的な教育コースデザインが創出される可能性があるとも考えられているのだ(37)。

上記のように教育として実践していく際の課題点が見出されたからこそ、ＩＬ教育はすでに学習目標が定められていたキーコンピテンシー型から、教育プログラムを教育者各々が構築できる枠組み形式へと変遷を遂げた。個々の機関や能力によって生じうる違いをポジティブなものと見なすことで、教育者同士の新たな交流を生み、より洗練された教育コースデザインの構築可能性を創出するなど、より現場に即した形の教育方式へと変換して行ったのである。ＶＬにおいてもＩＬと同様の経路を辿る可能性も考えられるが、まずは、これまで曖昧だった定義がＡＣＲＬによって定められ、それに基づいてキーコンピテンシーが作られそこからどのように教育として取り組んでどのような模索を行うのか。そして見出された課題を元に新たな、そしてより確かな教育形式へと変貌を遂げていくことが期待されよう。

一方、ＶＬがＩＬの教育取り組みと異なる点として、教育・研究活動における具体的なケーススタディを示した、ＶＬ教育のためのプロトタイプ"*Visual Literacy for Libraries: a practical, standards-based guide*"という書籍が、[38] 米国図書館協会から発行されている点があげられる。書籍内では、レポートや研究発表、研究のためにビジュアルを選択するプロセスが発生すると仮定したらといった事例等が用いられており、ワークシートを活用した教育活動の事例を教育を通して行うことで、どのような能力の獲得が期待できるのかという点を解説と共に明示している。書籍のタイトルの通り、知識の適切なサイクルを担う図書館組織および図書館司書に向けた、ＶＬ教育のための方法論がまとめられている。先のように、ＶＬのキーコンピテンシーやパフォーマンス指標の項目のみを見ていくと、どのような文脈でそれぞれの基礎能力が求められるのかが見えてきづらい。この本のように具体的な事例を用いたケーススタディを通して、どのようにＶＬが教育・研究活動のサイクル（検索・分析・活用・作成・提示）に関わっているのかという全体像を教育の享受者が把握できるだけでなく、このプロトタイプを起点にして、どのようにＶＬ教育のためのコースデザインを発展させていけるかを教育者が思案することが、今後のＶＬの実践的な教育に向けて重要な取り組みの一つとなっていくであろう。

そしてＩＬが図書館組織だけではなく、他分野との結びつきを強化して教育を進める方向に転換したように、ＶＬもまた、その教育を図書館組織や図書館司書が担うだけではなく、各専門分野におけるビジュアルのプロフェッショナルを育成し、ＶＬの教育者として分野特有の課題点の洗い出しや解決方法の模索が行われることが期待されよう（それぞれの分野におけるＶＬの特徴については、第５章にて記述）。

〝誰がＶＬを適切に他者に教示することができるのか？〟この問いには、ＩＬと同様にその特性からＶＬも図書館組織および図書館司書が担っていくことが第一に重要となるが、それぞれの分野ごとのプロフェッショナルと知識を補完し合い、その教育体制をよりブラッシュして行くことが今後求められるだろう。そして何よりも、図書館情報学が培ってきた知見や経験が、ＶＬを教育するための基盤となり、ＶＬ教育を通して図書館が、図書だけではなく様々な知的資材へのアクセスポイントであることを広く認識してもらうことも、同じく重要な点ではないだろうか（特に、本章で紹介した取り組みは米国の取り組みであり、日本においてこの認知拡大は重要であると考える）。加えて知的資材を享受する我々も、図書館の機能を最大限に活用することを通して、ＶＬとの繋がりを見出す機会を増やし、教育へのモチベーションを高めていくことも求められるだろう。

何かを学ぶという行為が自身の信じたい事象だけを信じる行為にとって代わられないためにも、ＶＬおよびＩＬの教育は今後重要性を増していくことが考えられる。それだけでなく重要であるからこそ、多くの現場で小さな取り組みが少しずつ行われ、適切かつ実践的な教育体制構築のための知識の更新が生じることが望まれるのである。

第5章　様々な領域におけるＶＬ

これまでの章ではＶＬの定義に関する議論、ＶＬの教育効果、およびＶＬそのものの教育をどう進めて行くかについて言及してきたが、本章では様々な分野におけるＶＬの位置付けや、分野ごとにＶＬの視点がどのように応用されているのかについて覗いていく。

ＶＬという言葉が言及された初期の頃、ＶＬは美術領域における作品の解釈や、議論を活発化するための分野特有の技量と考えられていた。[1] しかし現在では、様々な分野においてビジュアルの重要性が指摘され、[2] ビジュアルそのものの活用方法が多様化し、特定の分野に限らず分野を超えたＶＬ教育の必要性が強調されている。[3]

本章では、多様な分野においてＶＬがその学習にどのように関連しているのかを垣間見るため、芸術分野、ＳＴＥＭ分野、そして社会科学分野において、ＶＬの捉え方、応用の仕方、および現状について以下より記述していく。

芸術分野とＶＬ

美術や音楽、舞踏等の舞台芸術をはじめとする芸術分野全般に従事するにあたり、ＶＬは重要な能力の一つであると考えられている。(4) ここでは美術領域にフォーカスを当て、ＶＬの視点が美術の学習においてどのように用いられており、どのような課題を解決するために有効であるのかを見ていく。具体的には①ディスクリプション（Description）とＶＬ、②文化的・社会的・歴史的な視点と芸術という2つの側面から、ＡＣＲＬのＶＬコンピテンシー基準に照らし合わせて検討する（コンピテンシー全体については第2章の表2-1（48頁）と巻末の別表を参照）。

美術領域の事例には、ビジュアルを活用する美術以外の学問においても当てはまるであろう知見が数多く見られる。それらの知識や教訓を他分野へと還元するためにも、美術領域における学習の中で、ＶＬがどのように関連しているのかを明示することは重要であろうと思案する。

①ディスクリプションとＶＬ

芸術分野、とりわけ美術領域では、主に視覚芸術がその対象となるためＶＬとの関わりは切っても切れないと言えるだろう。とりわけ領域内には多様な視覚対象が存在するため、美術領域で求められるＶＬの能力は多岐に渡ると考えられる。例えばＶＬの初期の定義の議論の中で指摘されていた、美術領域における基本的な能力――絵画や作品を鑑賞・分析し議論を展開するための見る力――は、作品を対象に議論を行う芸術学の分野において必須であるだけでなく、過去の作品を鑑賞し、議論し、分析して新たな作品制作を行う、創作活動を担う者にとっても重要な能力と考えられる。とりわけ創作分野では、過去の作品と類似した作品構築を回避し、視覚的なオリジナリティの追求・保護を推し進めていく際にも、過去作品の鑑賞・議論・分析は重要な位置を占めるだろう。

このように、芸術学および創作において共通のＶＬの能力として考えられるのが、作品の鑑賞・議論・分析を行う〝ディスクリプション〟という取り組みである。ディスクリプションとは、作品に断定的な解釈や判断を下すのではなく、細部に注意を払って観察し、言葉で描写することで観察のスキルを身につける行為のことを指す。(5) 芸術学の領域においては、作品を分析し議論する際に、また創作側では、過去の芸術作品の分析・観察の際に、この視点が用いられていると言えるだろう。

この美術領域特有の行為を、ＡＣＲＬのＶＬコンピテンシーと照らし合わせれば、基礎能力③〝ビジュアル情報の意味を解釈し分析する〟に対応する能力であると考えられる。美術領域特有のディスクリプションの取り組みとＶＬコンピテンシーとの間に類似性が見られる点からも、美術領域とＶＬの関係性の強さが伺い知れる。加えて、基礎能力③のパフォーマンス指標を見ていくと、項目の2と4

2）ＶＬを有する学生は文化的・社会的・歴史的な文脈にビジュアルを位置づける

4）ＶＬを有する学生は他者との対話を通じてビジュアルの解釈と分析の正当性を確認する

が芸術学寄りの取り組みに言及しているのに対し、項目の3

3）ＶＬを有する学生はビジュアルの物質的・技術的・デザイン的構成要素を特定する

は芸術学だけでなく、創作を行う側にとって重要な視点が含まれていることが分かる。ゆえに、ＶＬコンピテンシーの基礎能力③は、美術領域の学習を行うに当たり必須の能力であると言えるだけではなく、ディスクリプションを行い美術領域の学習に取り組むことで、基礎能力③の能力の修練に繋がる可能性も示唆されるのである。

さらにディスクリプションそのものに焦点を当てれば、テクノロジーの進歩と共に、ディスクリプションを実施する方法も変化をしてきたと考えられる。実物を鑑賞しながら、もしくは図版が掲載されている書籍を通して行うだけでなく、インターネットを介して作品と向き合うという状況も想定されよう。学習において新たな手段が生まれる際には、その利便性だけでなく、新たな課題も示現するためそれらの課題を解決するための新しい能力も同時に求められるのだ。先述した通り、例えばインターネットを介して作品に触れる場合、直接作品を鑑賞する、もしくは美術館公式の図版等で作品を観察する際には存在しなかった〝正しい作品データにアクセスできるかどうか〟という課題に取り組む以前の課題が惹起されるのである。特定の作品について議論を行う際、インターネットで検索をすれば、美術館や作家本人が提供している画像データ（マスターデータ）が表示される。一方で、ニュースサイトや個人のSNS等の投稿に、マスターデータとは異なるサイズや色味の画像が使用され、それらが検索結果として提示されることもあれば、贋作の画像データが紛れることも想定される。多くの画像データの中からマスターデータとそうでないものを十分に見分けることができなければ、贋作や加工された作品データを元にディスクリプションを実施する可能性も考えられ、そうしたディスクリプション自体も、意味をなさない産物となりかねないのである。

ゆえに、ディスクリプションにインターネットが介在することで生じる〝正しい作品データにアクセスできるかどうか〟という課題については、ディスクリプションに対応するVLコンピテンシーの基礎能力③だけでなく、別の能力が求められるだろう。VLコンピテンシーからそれらを探すのであれば、ディスクリプションする対象に正しく辿り着くことができるか否かについての能力、すなわち基礎能力②の〝必要なビジュアル情報を効果的かつ効率的に見つけ利用する〟が当てはまるだけでなく、行き着いた先の情報を吟味するための能力、基本能力④の〝ビジュアルとその情報源を評価する〟が、課題を解決し、ディスクリプションそのものの正確性を担保する際に求められる能力として指摘できるだろう。

これら美術領域におけるディスクリプションの流れ、そして教育を通して複合的に求められる複数の視点がＶＬコンピテンシーと類似している点を鑑みれば、美術領域の実践を通してＶＬの能力の一端を取得できる可能性が指摘されよう。しかし芸術学で扱われるＶＬの視点と、創作の過程で求められるＶＬの視点とでは、それぞれの目的や着地点が異なるゆえ、同じ言葉で括ることができても、そこには微妙な差が存在すると考えられる。だが、それらがどのように異なっているのかは現時点で断言できる確固とした言説は残念ながら存在しない。そのため、今後は美術領域におけるより細分化された専門、それぞれのＶＬの特徴を明らかにしていくことが求められるだろう。そしてこの傾向は美術領域だけでなく他の領域においても同様のことが指摘されるのではないだろうか。美術領域を参考に他分野との違いや共通点を探索していくことも同じく今後の課題の一つと言えるだろう。

②文化的・社会的・歴史的な視点と芸術

美術に限らず芸術全般において、創作された制作物には、作者の文化的・社会的・歴史的な特徴が表出されることも少なくない。時代によって文化や社会状況が異なるように、主流となったタッチや画風が異なるなど、制作者が意識しているかどうかに関わらず文化的・社会的・歴史的な側面は少なからず表出され、鑑賞者もまた、それぞれが属する文化的・社会的・歴史的なフィルターを通して作品と対峙する。多様な文化や社会、そしてそれらが作り上げた歴史が存在することを考えれば当然の作用に思われるが、異なる背景を持つ人々と触れることがなければ、自身の文化的・社会的・歴史的特徴にも、そしてそれらと他との違いにも気づくことは難しい。以下では、この文化的・社会的・歴史的な文脈がいかに美術領域へ影響しうるのか、その事例を示しつつ〝影響〟が〝課題〟へと変わる前に求められるであろうVLの能力について言及していく。

基礎能力③のパフォーマンス指標の2においても

2）VLを有する学生は文化的・社会的・歴史的な文脈にビジュアルを位置づける

と記載されているように、ビジュアルが持つ文化的・社会的・歴史的な文脈を観察することは、作品そのものがどのような意図を内包しうるのかを議論する際にも重要な視点となる。また作品を制作する際にも、自身の成果物が自身の属する文化的・社会的・歴史的文脈ではどう見えるのか、またそれ以外の文脈においてどういった意味を有する可能性があるのかを吟味する上で重要な視点となろう。しかしそれらの吟味が不十分かつ、制作意図を明確に伝えることがなかったために、文脈の違いによりビジュアルそのものが擾乱を生じさせる引き金となった事例も存在する。

文脈の違いから生じた代表的な擾乱として、ムハンマドの表象に関わる一連の事例があげられよう。偶像崇拝を禁ずるイスラム教[6]の創始者、ムハンマド（Muhammad, 570-632年）の姿を、非ムスリムの人々が新聞や漫画で描写し、具体的な表象を行なった事例である。描いている当人がイスラム教徒でなければ許されるのではないかという主張に対し、ムスリムの人々からは、宗教の教えに反しているとして表象表現の取り下げの抗議が行われるなど、ムスリムと非ムスリムにおける文化的・社会的・歴史的な文脈の違いによって、その対立構造が露呈したのである。この一連の事例の中には、意見のぶつけ合いの対立だけでなく、国と国との外交問題に発展する事例(7)や、襲撃事件が生じ死者が出る(8)などの事件も包含され、国際社会に大きな影響を与えたとされている。

ムハンマドの表象に限らず、同様の事例は過去の戦争や迫害等の凄惨な事象に関連するビジュアルに対して生じることも少なくない。ナチスのハーケンクロイツのマークがホロコースト（ユダヤ人への大量虐殺行為）を想起させ、米国の南部海軍旗が白人至上主義を連想させるなど、ある文脈においては一つのマークにしか見えない対象も、別の文脈においては、悲しみや怒り、凄惨な状況を想起しうるトリガーとなる可能性がある。このようなビジュアルは世界中に数多存在するにもかかわらず、文化的・社会的・歴史的な検討が必要であるビジュアル一覧としてどこかにアーカイブされているものでもない。過去の長い歴史の中で意味が積み重ねられたものもあれば、現代の社会情勢から生まれた、シンボル的な役割を持つビジュアルまで多種多様であり、常に自身が置かれた文化的・社会的・歴史的視点を用いて、他の文脈との比較を行いながら、それらについて学び検討していかなければならない状況であると言えるだろう。

自分の持つ文化的・社会的・歴史的フィルターを通して何が見えるのか、また別のフィルターを通して何が見えてくるのか。これはディスクリプションをする際の観察の視点を多様化させるために重要なだけでなく、創作側にとっても重要であると考える。創作側は、なぜこの表現やシンボルを使ったのか、使う必要があったのかを十分に吟味して的確に明示し、他の文脈と対話していくための準備を整えるだけではなく、表現の自由との境界を模索していかなければならない。そして、先のムハンマドの表象事例が、美術領域だけでなく社会全体に広域的な影響を与えたように、ビジュアルが有する文化的・社会的・歴史的文脈との対話は、ビジュアルを扱う人、ビジュアルを享受する人の全てにとって欠落できない重要な視点と言えるのではないだろうか。

STEM分野とVL

STEMとは、Science, Technology, Engineering, Mathematics の科学分野の頭文字を用いたこれらの学問分野の総称である(9)。一般的に、学校における教育政策やカリキュラムの選択に用いられ、とりわけ米国ではSTEMを軸とした教育政策が活発に行われており、オバマ政権下では、より幼少期からのSTEM教育への従事、教育者の育成、またSTEM分野の職業に従事する人々の割合の向上を目指し、様々な取り組みが行われていた(10)。米国がこれほどまでに力を入れる背景には、米国の既存のSTEM教育システムの弱点が国の繁栄を妨げる要因であるという認識が影響しており、STEM分野に従事する人間を増やし、イノベーションを生み出すことで国益へと還元することを目指しているのである(11)。ここでは、①規則や法則を内包したビジュアルと、②心象とアイデアの2

つの側面から、ＳＴＥＭ分野の学習におけるＶＬの関わりを覗いていく。

①規則と法則を内包したビジュアル

ＳＴＥＭ分野では、科学雑誌や教科書、オンラインソースなど、様々な媒体で情報伝達を目的としてビジュアルが多用されている[12]。とりわけＳＴＥＭ分野では、それらビジュアルの大半に伝達する情報を正確に伝えるための規則や法則が構築されていることも珍しくない。例えば、標高地形図や天気図などが規則や法則がすでに構築されたビジュアルとしてあげられよう。美術領域のそれが広範なビジュアルを対象としていたのに対し、ＳＴＥＭ分野で用いられるビジュアルは、知識や情報を記号化したものや、図表として分野特有の特殊な情報を表現する意味合いが強いもののように思われる。そのため美術領域のように、学習に用いるビジュアルそのものに文化的・社会的・歴史的な視点を注ぐことが重要になるのではなく、特定の情報を内包するビジュアルの規則や法則を正しく学び理解していくといった、トップダウン型で知識を得るプロセスがＳＴＥＭ分野でのビジュアル作成に求められる。また、それらがＳＴＥＭ分野の知識に直結しているために、その知識を習得し学習を進めるためのプロセスとしてもビジュアルの規則や法則を学ぶことが重要となるのである[13]。米国において行われた小学校から中学校におけるＳＴＥＭ分野のテストを分析した結果では、出題された問題の半分以上に図表が含まれていたという報告があり[14]、それらの読解が行えなければテストの大半に回答ができない状況となることが想定されるなど、ＳＴＥＭ分野におけるビジュアルは、知識の習得・学習推進における重要な情報の一つとして機能していることが伺えるのだ。

このＳＴＥＭ分野特有のビジュアルの特性を活かし、Ｘ線画像や天気図など分野独自の知識が組み込まれた規則性のあるビジュアルを用いた研究が行われている。それらのビジュアルをその分野の専門家とそうでない初学者に提示したところ、両者はビジュアルの異なる側面に注目し、それぞれに異なる情報を抽出することがこれまでに明らかとなっている[15]。この研究から示されるのは、ビジュアルに対してそれを情報として規則や法則を読み解く知識があるかないかによって、ビジュアルの注目される箇所が異なるという点だけでなく、ＳＴＥＭ分野において専門家としての知識を習得するためには、ビジュアルの規則や法則を的確に理解することが必須であり、より発展的な学習を行うためにも重要であるという視点が示唆されるのである[16]。

上記の点をＡＣＲＬのＶＬコンピテンシーに当てはめるのであれば、基礎能力⑤〝ビジュアルを効果的に使用する〟が該当し、とりわけＳＴＥＭ分野で重要視される能力として指摘できるのではないだろうか。また、基礎能力⑤のパフォーマンス指標を見ていけば、特に3と4

3）ＶＬを有する学生は問題解決・創造性・実験を通じて、学術的なプロジェクトにビジュアルを組み込む

4）ＶＬを有する学生はビジュアルを使いまたビジュアルについて効果的にコミュニケーションをとる

の2つが、的確に正しい情報を他者に伝え、その営みを積み重ねていくSTEMの科学的なサイクルを維持していくためには重要な視点であると考えられる。サイクルの円滑な循環のためには、特定の情報を内包するビジュアルが有する規則や法則を学び取得することが第一に不可欠だからである。

またX線画像や天気図の他に、規則や法則が存在するビジュアルとして〝グラフ〟があげられる。棒グラフや折れ線グラフ等、義務教育において馴染みのあるものだけでなく、分野特有のグラフ表現が用いられることもSTEM分野では珍しくない。先の事例と同じく、専門家と非専門家ではこのグラフの読み方にも違いが出かねないだけでなく、誤った読み方を行えば誤った知識を手得し、それが引き金となり、誤った行動へと繋がることも危惧されよう。そのためグラフの伝達摩擦を軽減するためにも、グラフの規則性や法則性を取り払い、より感覚的に理解しやすい表現へ置き換える取り組みにも注目が集まっている。いわゆるデータビジュアライゼーションやインフォグラフィックと呼ばれるものがそれに該当する。特に数値を用いて伝達される情報については、ただそのままの数値を記載して図示するのではなく、より感覚的に受け取りやすい表現の模索が続けられているのだ。[17] このような側面も踏まえれば、VLコンピテンシーにおける基礎能力⑥〝意味のあるビジュアルやビジュアルメディアをデザインし作成する〟という点も、STEM分野の学習を行うだけでなく、STEM分野の情報を社会へと発信していくときに重要になってくるであろう。現在は、この数値情報のビジュアル化について〝正解〟（どのようなビジュアルであればデータビジュアライゼーションやインフォグラフィックと呼ぶにふさわしいのか）が存在しないため、一部のデザイナーがこの作成を担っている状態[18]である。しかしSTEM分野に従事する専門家が直接作成に携わることで、ビジュアルに内包される情報の正確性を保てるだけでなく、適切な情報の循環にも寄与することがVLの推進によって期待されるのである。

②心象とアイデア

心象、ここでは視覚的・精神的イメージを指す言葉として用いるが、心象が芸術等の創造の世界ではなくSTEM分野へとどのように影響したのかを以下より見ていく。

これまでにSTEM分野において偉大な功績を残してきた科学者の中には、心象、すなわち視覚的・精神的イメージが重大な〝発見〟へと導くための、重要な役割を果たしたと言及する者が少ない[19]。例えば、相対性理論の開発に視覚的なイメージを利用したアルベルト・アインシュタイン（Albert Einstein, 1879-1955）、電気力線や磁力線を視覚化したマイケル・ファラデー（Michael Faraday, 1791-1867）や、粒子の反応過程を表現したリチャード・P・ファインマン（Richard Phillips Feynman, 1918-1988）のファインマン・ダイアグラム（Feynman diagram）が、その事例として考えられている[20]。そのためこれらの点から、STEM分野において心象をいかに研究へと活用していけるのかについて注目が集まっており[21]、これまでに存在しない概念や知見を形にするプロセスの一手段として、視覚的・精神的イメージがどのように科学的な発見へと貢献しているのかを明らかにすることが期待されているのである。特に、アインシュタインの事例はこれまでに複数の考察がなされており[22]、ＳＴＥＭ分野における心象活用に向けた大きな手かがりとして用いられることも多い。これまでに行われた考察の中には、彼は心象を柔軟に利用する能力、とりわけ空間的・時間的な関係を操作する能力に長けていたため、概念を深く掘り下げ新しい発見につながっていったのではないか[23]という見解や、様々な視覚的思考実験を組み合わせることで、生産的な思考を導き出していったのではないか[24]等の指摘がなされており、心象し概念をイメージする能力に加えて、その概念を空間的・時間的に自由に展開可能な能力が、彼の偉大な発見の鍵となっていたのではないかと考えられている。この視点を後押しするように、過去の研究では視覚的なシンボルや表現の操作・整理・発展は、アイデアを素早く描き出し、発展させ概念を生み出すだけでなく、新しいものを発見する際にも用いられるという点が明らかになっている[25]。すなわち、思考とイメージ（心象）が付随し両者共に活用されている状態〝思考はイメージを求め、イメージは思考を内包する[26]〟といった状態が成立した際に、新たな革新的なひらめきや発見に繋がっていく可能性が考えられるのである。

この思考と心象の組み合わせをいかに実現していくかを探るため、ここでＡＣＲＬのＶＬコンピテンシーと対応させて考えてみたい。とりわけ思考と心象の関係は、基礎能力⑥のパフォーマンス指標の２

２）ＶＬを有する学生はビジュアルやビジュアルメディアの制作において、デザイン戦略と創造

性を活用する

と関連していると考えられる。デザイン戦略や創造性は、デザインを実際に行う前の段階に求められる能力であり、戦略や創造することを怠れば作成された成果物を意味をもつ重要なビジュアルやビジュアルメディアとして用いることはできないだろう。ゆえにこの点を思考と心象に当てはめるとすれば、心象を構築し創造していく際には、どのようにそれらを構築していくかの〝戦略的思考〟が求められると考察することができるのではないだろうか。特にSTEMの場合はデザイン戦略ではなく、その分野における基本的な知識や通説などが戦略手段として当てはまるだろう。しかしその戦略にだけ溺れすぎれば、創造性を発揮し新たなビジュアル、すなわちSTEM領域における世紀の大発見に至るような新たな心象を導き出すことは難しいと考えられる。戦略を用いつついかに創造的になれるのか、これはSTEM分野だけではなく、ビジュアルを作成する全ての状況においても当てはまる点であろう。ゆえにSTEM分野において心象を用いて新たなアイデアを構築していくためには、ACRLの基準における⑥が重要となってくると捉えることができるのである。とりわけ、まだ見ぬ新しい知見を探究するSTEM分野では、これらの心象からアイデアを導き出し、これまでの概念を変えるような発見へと結びつけていくことは、領域のさらなる発展に結びつくことが期待される。しかしながら、実際にどのように心象を構築し新たなアイデアへとつなげていくのかという具体的な方法、そしてその過程で作られたアイデアたちがどの位の確率で分野における新たな発見に結びついていくのかは、現在のところ確固とした形では明らかになっていない。そのためそれらを今後明らかにしていくためにも、また思考と心象の繋がりを強化するためにも、ＳＴＥＭ分野においてＶＬの能力を推進していくことは重要である。さらに思考と心象の強化が達成されることで、ＳＴＥＭ分野内で新たな革新的発見が生じることへと繋がっていく可能性も考えられるだろう。このような仮説を考えれば、ＶＬは芸術領域以外においても大いに活用が期待できるといえるのではないだろうか。

社会科学分野におけるＶＬ

ＳＴＥＭ分野が自然や現象等を探究対象とするのに対し、社会に対する課題を科学的に探究していく学問分野全てを本書では社会科学分野と称する。以下よりその学習とＶＬとの関係性を覗いていく。

先に示したＳＴＥＭ領域とは多少異なるものの、社会科学分野においてもその学習においてビジュアルを活用することは重要な取り組みの一つであると考えられている。とりわけ社会科学においてビジュアルは、地域性や時代性、文化的背景など、いわゆる文化的・社会的・歴史的な文脈の影響を十分に検討して行くための材料であると言っても過言ではない。美術領域における学習とＶＬの関連性について述べた際にも、文化的・社会的・歴史的な文脈の重要性を指摘したが、社会科学分野で扱うビジュアルの範囲は社会の事象全てに対応するため、公衆衛生学分野(27)、犯罪学分野(28)、教育分野等(29)など、使用される目的や状況、分野において様々な分析がなされている。そのため、ビジュアル、すなわち表象された対象の文化的・社会的・歴史的背景の探求を行うことが、社会科学領域での営みであり、その営みによって得られた知見が、美術領域や他の分野へと還元され知識として活用されて行くのである。そのため社会科学分野では、ＶＬコンピテンシーにおける基礎能力③〝ビジュアル情報の意味を解釈し分析する〟が特に重要な能力となると指摘できよう。社会科学の領域で扱う対象には、歴史的・慣習的に続けられてきた特定の表象が存在することも少なくなく、それらが無意識の内に人々の中にある種の固定観念を形成している場合も多い。そのため、特定の表象に対し基礎能力③で言及されている、〝解釈〟と〝分析〟を行うことが困難となるだけでなく、〝解釈〟や〝分析〟が固定観念の域を出ずに、背後に隠れている社会的な課題が表面化しづらいという状況が懸念されるのである。

例えば、近年米国にて注目されているストリートトレース（Street Race）という考えは、個々人が持っている無意識の固定観念が、解釈や分析を行う上で悪弊となっている一つとしてあげられよう。

①ストリートトレースと人種差別

〝人種差別〟という言葉のように〝人種〟は、日々のニュースや報道等で耳にすることが少なくない単語の一つであろう。しかし、人種とは何を指し示しているのであろうか。居住する国の違いによって人種を規定できるものなのか、はたまた肌の色の違いによって分類できるものであろうか、そして人種とは何をどこまで括ることができる概念なのだろうか。

過去、人種という言葉は、特定の社会的・文化的特徴を描き出す用途で用いられてきた。人種主義的な思想――人々は人種によって分けることができ、かつそこには優劣の差異が存在するため、優者が劣者を統治することは理にかなっていると考える思想――を助長し、劣者の人種として括られた人々は、長年に渡り不利益を被らざるをえない状況が蔓延っていた[30]。そのため〝人種〟という概念が隔たり誤った思想を歴史的に積み重ねていくことで、新たな〝解釈〟や〝分析〟を行いにくい状況を構築し、人種主義的な思想に対して疑問を持つことすら難しい状況を作り出していってしまったのである。しかしながら、生物学的、遺伝子学的に〝人種〟という言葉を探れば、人種間に対応する小さな差異は実際に存在するものの、それらはわずかな差であるために〝人種〟として分類する行為自体が差別的であるとする意見が、国際連合教育科学文化機関（ＵＮＥＳＣＯ）をはじめとした様々な国際機関で支持されている[31]。しかし〝人種〟として分類する行為自体が差別的であるという見解が示されているにもかかわらず、そしてそれを理解しているつもりであっても、我々は目に映る情報に引っ張られ〝解釈〟や〝分析〟をおこなってしまうことも少なくない。

例えば〝日本人〟といった場合、日本は世界全体から見て、いわゆる〝アジア圏〟に位置する国であることから〝アジア人（黄色《おうしょく》の肌を持つ人が多い人種）〟として他の国から認識されることが想定されよう。しかし、黄色の肌を持つ人々が必ずしも全員アジア圏に居住しているとは限らない。

北米・南米、ヨーロッパ、アフリカ大陸にももちろん居住していることが想定されるだけでなく、アジア圏にも黄色ではない肌を有した人々が居住し共に共存している状況を振り返れば〝アジア人〟という言葉で対象を括られた際に、アジア圏に存在する豊かな多様性が不明瞭な形となり〝見えない〟状態となってしまっていることに気付かされる。そして、人々の〝見た目以外〟の情報、例えばルーツや、民族的な情報、いわゆる個人のバックグラウンドは、個々人が持つ個別の情報であるため、それらを相手に尋ねない限り、実際に人々がどのようなルーツを持ちどの民族集団に属し、どのような文化を享受してきたのかという点を推し量ることは不可能である。それにも関わらず、我々は視覚から得られる情報に依存し、視覚情報から構築される情報や固定観念を疑いもせずに受け入れてしまうという傾向を持ち合わせていることに〝人種〟という例からも気付かされるのである。このような〝見た目の人種〟は、社会において多様化する人々の多彩なバックグラウンドを矮小化しかねない危険性があるだけでなく、自己の民族的文化的認識と他者からラベルづけされる見た目の人種が同属のものでない場合、すなわち乖離が生じることで、精神的な健康にも影響を与えると考えられている(32)。そのため、この〝見た目の人種〟はこれまでに人種別に行われてきた様々な社会学的調査にも影響を与える可能性があるだけでなく、この〝見た目の人種〟を的確に扱うことで、これまでに明らかになっていなかった社会的課題を浮き彫りにすることができるのではないかと期待されており、近年社会学的な調査を行うための重要なファクターとして〝ストリートレース（Street Race）〟という言葉で表現され用いられている。

ストリートレースとは、〝街に存在する自身が、他者からのどの人種に見られるか〟という尺度であり[33]〝あなたがある街の通りを歩いている際に、すれ違った街の多くの人は、あなたの人種や民族的背景についてどのようなラベルを貼るか〟という問いを用いて測定される。この質問文における〝ある街〟の場所が変われば、周りにどのように見られるかという答えも大いに変化するため、〝ある街〟という因子も合わせて重要であることが伺えよう。ストリートのレベルだけではなく、所属している社会全体が（政策等の意味で）自身をどのように分類するのか、さらに自身が自覚している民族的・文化的な認識、これら3つの要素が解離すればするほど精神的な健康に与える影響は大きいと考えられているのだ。[34]

このストリートレースという捉え方が用いられるようになった背景には、社会学調査において個々人の民族的文化的背景を、肌の色や住んでいる地域から機械的にカテゴリーへと集約してしまう傾向（例えば、米国において、肌の色がそれぞれ異なり、ルーツの国や米国居住の長さが異なるなどの個別の状況があるにも関わらず、例えば〝ヒスパニック系〟と一括りにしてしまうことなど）が、グループ内で生じているはずの重要な差異や因子を覆い隠している可能性が近年になって示唆されたという状況が存在する。[35]これは、社会学調査において人口統計データを取得する際には重要な視点であり、見た目の人種ではなく、個人の民族的文化的認識と街角レベルでの認識、そして所属する社会システムとしての認識、それぞれを調査することで、得られたデータから社会における様々な事象との関係をより細やかに示し、実践的な施策へと繋げていくことが期待されているのである。

人種の例のように視覚的な情報だけでは補完できない事象は、社会学分野には往々にして存在する。視覚から受ける情報だけに囚われずに、個別の状況を想像し、把握していくことが、明らかになっていない構造や課題を見つけていくためにも重要な取り組みとなることが伺えるのである。

このような社会科学特有のビジュアルの課題を解決していくための能力として、ＡＣＲＬのＶＬ基準を照らし合わせるならば、基礎能力③〝ビジュアル情報の意味を解釈し分析する〟という能力が最も重要になるのではないだろうか。加えて、視覚から得る情報を様々な文脈と照らし合わせ〝解釈〟および〝分析〟が求められることから、基礎能力③のパフォーマンス指標の2

2）ＶＬを有する学生は文化的・社会的・歴史的な文脈にビジュアルを位置づける

という能力が社会学分野における基礎能力として指摘できるのではないだろうか。〝人種〟の例に限らず、現行の社会にはこれまでの文化的・社会的・歴史的な文脈だけでは推し量れない課題が数多潜在していることが想定される。目に見えるビジュアルに囚われず、ビジュアルの裏側を見つめ、ビジュアルが持つ見た目の情報や固定観念をいかに払拭し裏側の状況を想像していけるのか、その眼差しが、社会学分野においては特に求められるだろう。そしてその眼差しの強化にＶＬの能力が貢献しうる可能性が指摘できるのである。

以上のように、様々な分野におけるＶＬの位置付けや、分野ごとにＶＬの視点がどのように応用されているのかについて覗いてきたが、それぞれの分野においてとりわけ必要とされる基礎能力の違いが明らかになったのではないだろうか。しかしＡＣＲＬのＶＬコンピテンシーは、全てがひと連なりとなることでビジュアルを包括的に分析し活用できる能力として位置付けられているため、各分野において包括的なＶＬがどのように活かされるのかは、今後分野や領域ごとに解釈が求められるであろう。そしてそれらの知見が新しい形で提示されることによって、各分野および領域に即したＶＬの知見が広がっていくことを期待したい。

第6章　ＶＬとCreativity

第5章では、様々な専門領域の学習時におけるＶＬの関わりについて言及してきた。中でも、ＳＴＥＭ領域における視覚的・精神的イメージの重要性の例として、アインシュタインが相対性理論の開発に視覚的なイメージを利用した事例を提示したが、アインシュタインに限らずその功績が当該領域や社会全体に影響を与えた人々はしばしば、類稀な〝創造性（Creativity）〟を有していたと表現されることが少なくない(1)。

ＶＬそのものに言及する際にも度々〝創造性〟という言葉が用いられる。ＶＬの能力自体が創造性と関連しているとする主張や(2)、創造性を芸術領域特有の能力として扱うのではなく、ＶＬの文脈の中で創造性を発揮させることで、21世紀を生きるために必要な中核的なスキルを身につけることができるなど(3)、ＶＬ内における〝創造性〟の主張は様々である。そしてＡＣＲＬのＶＬコンピテンシーでも、基礎能力⑤と⑥のパフォーマンス指標において創造性という言葉が用いられているのである。

基礎能力⑤　パフォーマンス指標3
VLを有する学生は問題解決・**創造性**・実験を通じて、学術的なプロジェクトにビジュアルを組み込む

基礎能力⑥　パフォーマンス指標2
VLを有する学生はビジュアルやビジュアルメディアの制作において、デザイン戦略と**創造性**を活用する

この基礎能力の⑤と⑥は自身がビジュアルを解釈するのではなく、自身の思考や考えを他者に伝えるためにビジュアルを活用・作成する際の項目である。両者共に〝創造性〟に言及されていることから、⑤と⑥のパフォーマンス指標を満たすためには、それぞれの基礎能力が求める内容に応じて、個々人が創造性を発揮できる状態であることが求められていると捉えることができるだろう。ではACRLのVLコンピテンシー基準において、この〝創造性〟という言葉が具体的にどのような意味を内包しており、何を達成することで〝創造性がある〟と言える状態になるのだろうか。

一般的に〝創造性〟は、VLと同様その定義を常に問い直し、刷新し続けている能力の一つであり、現在においても複数の定義が存在する。例えば、独創的で価値のあるアイデアを生み出す能力と定義される場合もあれば、新規性と有用性を兼ね備えた状態であるという考えや(5)、アイデアを生み出し、柔軟性や雄弁さ、そして独自性という要素を含んだ発散的思考であると捉えられるなど実に様々である(6)。また、個々人が有する〝創造性〟の発揮を求める声は、VLに限らず教育分野にも多く聞かれる。特に、複雑さを増し予測不可能な社会および未来の21世紀を生き抜くための力として、4つのC（Creativity, Critical thinking, Communication and Collaboration）を柱とする〝21世紀型スキル〟が教育の分野では強く求められており(7)、このCの一つに〝創造性Creativity〟が組み込まれているのだ。VLに限らず分野を横断し広域的に〝創造性〟が求められている現状が存在しており、このような状況から判断されるのは、この〝創造性〟が様々な分野で言及される重要な能力の一つであり、新規制や独創性、独自性、これまでにない新しさやオリジナリティ、そして有用性など、複数の要素によって構成されうるという可能性の示唆ではないだろうか。しかしながら、この〝創造性〟が求められる・重要視されると言及された場合、一体どのようにすればその能力を向上させることができるのか、すなわち〝創造性〟をいかに〝教育〟していけるのかという大きな課題を突きつけられるのである。これはVLをはじめ、何かの〝能力〟について言及される際には必ず付随する大きな課題点である。本章では、これまでに行われてきた〝創造性〟に関する研究事例を元に、ACRLのVLキーコンピテンシーにて言及される〝創造性〟をいかに解釈していくべきか、どのような意味を含み、いかにしてその能力を育てていくことができるかについて以下より検討していく。

創造性研究（1）創造性はDomain generalかDomain specificか

冒頭でも言及したように〝創造性〟という言葉は、様々な場面や分野で言及される能力の一つとして捉えることができるが〝創造性〟と言及した際、その多くが芸術の成果として捉えられる(8)ことが少なくないだろう。そのため、芸術分野が〝創造的〟な活動の最たるものとして引き合いに出されることも珍しくない。もちろん〝創造的〟な活動は芸術分野に限ったことではなく、アインシュタインによる相対性理論の発見や、近代のテクノロジー分野のリーディングカンパニーである、GoogleやAppleをはじめとした企業を〝創造的〟であると形容することも多々あり、〝創造性〟がどこか一つの分野に限った能力ではないことが伺い知れる。しかしここで疑問となるのが、これら様々な分野の〝創造性〟は全ての分野に共通した能力なのだろうか、あるいは分野によって異なった〝創造性〟が求められるのだろうかという点である。さらにこの疑問点を軸とし、新たな疑問点を立てるならば、いわゆる〝創造性〟を有した人や企業は、それぞれが主軸としている分野だけではなく、全ての分野において〝創造性〟を発揮することが可能なのだろうかという問いが生まれてくる。例えば、物理学の領域で創造性にあふれる不朽の功績を成し遂げたアインシュタインは、別の分野に従事したとしても物理学と同様に〝創造的〟な成果を残すことができたであろうか。はたまた、アインシュタインと同時期に美術分野にて偉業を成し遂げたパブロ・ピカソ[9]（Pablo Ruiz Picasso, 1881-1973）が物理学の分野に従事したら、独創的な絵画を創作するかの如く卓越した功績を残すことができたであろうか。

このように〝創造性〟は分野を横断して共通するものなのか、それとも分野特有の〝創造性〟が存在し、分野によって大きく異なるものなのかという問いは、現在もなお創造性研究において議論の続いている課題の一つであり、〝創造性〟そのものの輪郭を具体的に捉えるためにも重要な視点であると考えられている。そして創造性研究においては、これらの視点の違いを〝創造性〟が分野横断的な能力であり、様々な場面で発揮可能であるという考え方（分野全般的創造性（Domain general：以下ＤＧ））と、〝創造性〟は分野特有のものであり、個々人が従事する特定の分野のみで発揮される（分野特有創造性（Domain specific：以下ＤＳ））[10]という考え方の2つに分けて捉えている。創造性研究が始められた当初〝創造性〟はＤＧ、すなわち分野横断的であるという暗黙の前提があった[11]とされている。しかし研究が進み分野特有の〝創造性〟、すなわちＤＳの側面の探究が進められ、ＤＳの視点を取り入れることで、これまで不明瞭だった点が説明可能になった事例も存在するのだ。その一つが、創造性と精神疾患の関係を調査した研究である。

これまで〝創造性〟が高い人は、その能力の特殊性から精神疾患に罹患しやすいのではと想定され、この仮説を軸に複数の研究が実施されたものの、強い関連性を示唆する研究もあれば、全く関連性がないとする研究もあるなど、調査ごとに異なった結果が得られていた[12]。しかし当初の研究は創造性をDGの視点、すなわち全ての分野で〝共通〟なものとして扱っていたため、分野によって異なる精神疾患等の特性が見落とされていたのである。そこでDSの視点、すなわち分野ごとに分けて創造性を捉えることで、それまでに明らかとならなかった違いが浮き彫りになったのだ[13]。例えば科学分野では〝創造性〟と精神疾患の関連が強く見受けられなかったものの、文学的な分野においては〝創造性〟と精神疾患の強い関連性[14]が明らかとされた。これによりDSの視点は、これまで一括りに行われていた創造性研究を分野ごとに解体する視点をもたらし、埋もれてしまっていた関係性を鮮明にするための重要な要素として機能したことから、創造性研究を行う上で、重要な変数として捉えられているのである[15]。

では〝創造性〟とは、その全てが分野ごとに異なるDSなものであり、分野全体的な創造性、DGは全く存在していないのかというとそうではない。これまでの研究において創造性と知性とが一貫して有意な相関関係を示していることから[16]、基本的な〝知性〟がDGな創造性を形成しているという可能性が示唆されるのだ。例えば分野特有の技術を身につけるには、ある程度その分野に関連した基礎知識がなければ、それを発展させていくことができないのが明白なように、ある程度の〝知性〟、すなわちDGな創造性を有していなければ、創造的な人材になることは不可能であるため〝知性〟は〝創造性〟の初期要件[17]として捉えられているのである。

上記の点を考えれば、VLで求められる創造性にもDGおよびDSの両側面が存在することが伺えよう。ＡＣＲＬのＶＬコンピテンシーではＤＧな表現をしているように思われるが、前章で示したように分野ごとにＶＬのどのコンピテンシーにフォーカスするのか、またはどのように活用していくのかが異なるため、必然的に分野ごとの違いが生まれてくる。別々の領域のＶＬを比較・検討した研究はまだ行われていないため、この違いは現段階で明確には言及することはできないが、今後分野特有の〝創造性〟の知見が共有され蓄積していくことで、ＶＬ全体において指摘される〝創造性〟とは何かという問いに対する答えも、分野ごとに異なるもの、分野共通のものそれぞれが自ずと顕在化してくる可能性が期待されよう。

しかし一括りに分野と言っても、何をどのように分野として捉えていくかが一貫していなければ、ＤＳな創造性を真に把握することは困難を極める。例えば芸術と一口に言っても、さらに細分化すれば、美術（絵画、造形、彫刻、コンテンポラリーアート、芸術学など）、音楽（声楽、楽器演奏、音楽理論など）、パフォーマンス（ダンス、演劇など）等の細かな領域分類が存在し、それぞれが〝芸術作品〟としてアウトプットするものも、それを生み出す方法もどれも明確に異なっている。そのため同じ芸術分野とはいえ、それぞれが持ち合わせるＤＳな創造性にも違いが現れることが想定されよう。これらの違いは分野外の人にとっては小さなものに映る可能性があるが、その分野に従事している人々にとっては非常に大きな意味合いを持つ(18)ため、明晰な分類が行われなければ、それぞれの分類や分野特有のＤＳを吟味することができないだろう。

このような状況に対応するため、近年では創造的なパフォーマンスを支えるＤＧな要因とＤＳな

表6-1　アミューズメントパーク理論（APT）概要[21]

レベル	アミューズメントパークの例	APT モデル例
初期条件（ドメインの普遍性が最も高い状態）	アミューズメントパークまでの交通費・入場券・行楽資金等を確認する	知性，何かをしたい・作りたいという（内発的・外発的）モチベーション，何らかの創造性を発揮できる環境の選択
総合テーマ領域	行きたいアミューズメントパークの種類を選定する：乗り物等のアトラクション，動物，水を用いたレジャー，漫画のキャラクターの有無	日常的な対象，学術的な対象，パフォーマンス，数学・科学，芸術的な創造性等のテーマの選択
分　野	先の2つの条件を照らし合わせてアミューズメントパークそのものの選定を行う	数学・科学テーマを選定した場合，その中の分野：化学・生物学・心理学・経済学 等の選択
分野の詳細な分類	アミューズメントパーク内で実際にどこに行き何を楽しむのかの選定	心理学の分野を選択した場合，さらに細かな分類，臨床・認知・社会・発達・神経科学・教育・組織等の分類の選択

要因の両方を階層的な構造として捉え、様々な分野の創造性に関する情報を集めることで多様な目的に利用可能な体制を整えていくためのアプローチ方法として〝アミューズメントパーク理論〟（Amusement Park Theory：以下ＡＰＴ）という考え方が導入されている[19]。アミューズメントパークと名前が付いているのは、我々が遊園地等の行楽施設に出向く際のプロセス——アクセス可能な場所にいくつ行楽施設が存在するか、どのような施設があるのか（遊園地か動物園か、等々）、そして実際に訪れる施設を選び、その後どのような乗り物に乗り、どのような体

験をするのか――を模したためである。[20] そしてこのＡＰＴは大きく4つの階層に分けられている（表6‐1）。

分野や分類が異なれば〝創造性〟につながる基礎的なスキル、モチベーション、性格特性、認知スタイル、自己信念、知識ベースも異なる[22]と考えられており、ＡＰＴの分類を用いて〝創造性〟を4つのレベルから捉えることで、それらを細やかに明らかにできるだけでなく、創造性を有した人材を育成するために必要な要素も自ずと明らかになることが期待されている。そしてＡＰＴの基準は、ＶＬ研究においても応用が可能であり、分野・分類によって異なるＶＬの把握だけでなく、そのＶＬの違いに創造性がどのように関与しているのかを把握するためにも重要な視点となりうるであろう。

創造性研究（2）創造性のさらなる分類

ここまで〝創造性〟には、ＤＧそしてＤＳという視点が存在するという点に言及したが、一般的に一個人が〝創造的な人間である〟と評価されるためには、どの段階の（基礎的なものか、それとも並外れた熟達度合いを示しものなのか）創造性が求められるかについて、ここからは深く掘り下げていく。

例えば同じようにＤＳな〝創造性〟を有していても、世界的に著名な人々がいる一方で、そうではない人がいることも確かである。そのような状況を鑑みれば、ＤＧとＤＳの2つの大まかな括りでは、十分に創造性の発達段階を把握することは難しいことが伺えよう。これまでの創造性研究では、各分野における著名な人々を対象に研究した事例が多く存在するが[23]、〝創造性〟を備えることができるのはもちろんごく限られた一握りの突出した人間ばかりではない。ＤＧな創造性があるように、創造的なアイデアを表現・発展できるのは著名人や発明家に限ったことではなく、より基本的な知性の営みにも〝創造性〟が宿っており、段階に差はあるものの人間の本質的なスキルとして全ての人に備わっている[24]と考えられているのだ。そのためＤＧとＤＳの創造性は、それぞれがはっきりと分かれているのではなく、ＤＧからＤＳへと移行していくためのグラデーションを有していると捉えることができるのである。そしてこのグラデーションの探究、すなわちＤＧからＤＳへとどのようにその〝創造性〟の段階を発展させていくのかを示すための鍵となる視点が、4Ｃ（The Four C Model of Creativity）という考え方である。先に教育における4つのＣについて言及したが、創造性の段階を明示する視点も、同じく4Ｃを用いる、ここでは、21世紀型スキルの4つのＣと区別するため、創造性の段階を示す場合にのみ略称（4Ｃ）を用いて以下より言及していく。

〝創造性〟の発展を段階的に捉えることは研究を行う上でも重要であり、これまで〝little-c〟と〝Big-C〟という2つの捉え方が主に用いられてきた[25]。little-cとは、人間が普段の生活の中で問題や課題を解決するために創造性を発揮することを認識するための指標であり、Big-Cは生涯にわたり創造性が、当該分野や社会全体に影響を与えたかを認識するための指標として制定されている。例えば、いわゆる世界的に著名である人々の創造性はBig-Cに分類されよう。一方、little-cが生じているいると認識するためには、生活の中に潜む問題や課題に対する基礎的な知識、すなわちＤＧな知性の獲得があるかどうかを判断することも重要になってくる。このような基本的な知性、ＤＧな創造性を積み重ねていくことで、ＤＳな創造性を獲得し、最終的な到達点として、Big-Cの指標が設けられているのである。しかしこの2つの指標だけでは、ＤＧからＤＳへの段階的な発展をつぶさに捉えることは難しい。例えばＤＧな知性の獲得からＤＳな創造性を発揮したが、Big-Cに到達しなかった人々もたくさん存在することが考えられるだけでなく、ＤＳな創造性を発揮した人々を全てlittle-cと分類することもまた少々乱暴なように思われる。さらにlittle-cの前の段階として、知識や知性ではなく、それ以前の個々人の中での新たな発見や気づきが知性獲得へのカンフル剤となることを考えると、little-cの前段階の指標も〝創造性〟の段階的な発展をつぶさに捉える上では重要になるのではないだろうか。このように、little-cとBig-C、2つの指標だけでは〝創造性〟の段階的な発展を十分に把握できるとは言い難い状態であったため、新たに追加されたのが、little-cとBig-Cの間の段階を埋めるための新しい指標、Pro-cとmini-cという考え方である。

Pro-cはlittle-cを超えた、しかしBig-Cには達していない発展的かつ努力的な進歩を表す段階の指標であり、いわゆる〝プロ〟と呼べる専門知識・技術を身につけ、かつ著名な地位ではない人々を認識するための指標として新たに検討されたものである。[26]このPro-cにおける〝プロ〟とは、専門知識獲得アプローチ（The expertise acquisition approach of creativity）[27]——専門家レベルに到達するためには、その専門分野で10年、もしくはそれ以上の準備が必要である――の考えを踏襲したもので[28]、おおむねある分野に10年以上従事しているかどうか（いわゆる10年の縛り）で、Pro-c段階の創造性を有しているか否かが判断される。またBig-cへと段階を進めるには著名であることが一つの条件として生じるのだが、生前に著名になることもあれば、死後にその功績が認められて著名になることもあり、これまでの創造性研究ではBig-Cの研究を生きている人々に行うことはほぼ不可能であると考えられおり[29]、〝創造性〟そのものの要素をBig-Cの人々から調査することができないという状況を作り出してしまっていたのである。そのため〝創造性〟の要素を解明し、創造性研究を発展させるためにも、生前に調査可能であるPro-c段階の人々を改めて認識し、研究対象としてアプローチすることが新たな知見発見のための鍵として考えられているのだ。

もう一つのmini-cとは、学習プロセスに内在する〝創造性〟を認識するために過去の研究[30]に沿って作られた指標である。特定の社会文化的文脈の中で、個人の知識と理解を構築する動的で解釈的なプロセスにおける〝創造性〟の段階を指すものであり[31]、個人の内的な発見により注目している点がlittle-cと大きく異なる点である。例えば自身にとっては新しく斬新な発見であっても、自身よりも効果的にアイデアを伝えることのできる他の人々によって個人の発見の重要性が見過ごされたり却下されたりすることで、多くの人の〝創造的〟な〝可能性〟が少数の人の〝創造的〟な〝成果〟に埋もれてしまう可能性がこれまでに度々指摘され課題となっていた[32]。そのため、個々人の独自の洞察や解釈の中に〝創造性〟を認識することの重要性をmini-cの指標を新たに設定することで強調することが可能となったのだ。これにより人々の〝創造的〟な〝可能性〟を無視したり、失ったりすることを防ぐことができると考えられているのである。[33]このようなプロセスは、教育を享受する生徒や学生の発達段階において特に重要であると考えられている。アイデアを口にする、表現するだけが〝創造性〟なのではなく、心や頭の中で閃いた洞察や解釈も〝創造性〟の産物と捉え、教育者が観察しそれらをつぶさに評価することで、生徒や学生の可能性を見過ごさず個々の芽を適切に育むための必要な要素を検討していくことができると考えられているのだ。[34]それらの要素を活用していくことで、個々人の〝創造性〟を評価するだけでなく、教育者や保護者が様々な分野で〝創造的〟な可能性や興味を持ち始めた生徒や学生（もしくはそうでない生徒や学生）を特定し、的確なアシストが行われることも期待されている。[35]ゆえに、mini-c は基本的な知性とも親和性があり、DGな創造性とも強く関連すると考えられるのである。

この mini-c→little-c→Pro-c→Big-C の流れは、すべて直線的につながることもあれば、mini-c から直接専門家の元に師事することによって、little-c を介さず Pro-c へたどり着くこともある。また直線的ではあっても、mini-c から little-c、そして独学で10年間のトレーニングや経験を経て Pro-c になる場合等、複数考えられ、[36]常に決められた道筋を示すことができないのも〝創造性〟の構築段階の面白い点でもある。また、この mini-c から Big-c の流れは先に紹介したAPTの流れとも対応している。より初期段階の共通した入り口からより細かな分野や分類へと進んでいく様子からも、いかに入り口を広げて特定の遊具にたどり着くのか、すなわちいかにこの段階的発展をまわりがうまくアシストすることにより誘導していけるかが、創造性構築に大きく影響をすると考えられるのである。

VLにおける創造性とは

ここまで〝創造性〟の段階的発展を捉えるための研究の取り組みを見てきたが、その第一段階として最も重要になるのは、いかに自身の中の閃きや発見（mini-c）をアシストしていける環境を、自身でそして周囲が整備していけるのかであり、それがその後の発展に大きな影響を及ぼすことが推測される。VLにおいて創造性が言及されているのは、基礎能力（キーコンピテンシー）の⑤と⑥であり、〝創造性〟を持ってビジュアルを用いること、またビジュアルを制作することが、それぞれの能力として記述されている。先の〝創造性〟の研究と照らし合わせ、この基礎能力⑤と⑥における創造性を考えれば、ビジュアルに対する基礎的な知性に加えて、個々人のひらめきや発見を発展させていく過程として捉えることができるのではないだろうか。特にビジュアルの使用において、常に正しい〝答え〟は存在し得ない。分野や置かれた状況を把握するための基本的な知性、そしてその中でどのようにビジュアルを活用していこうかと個々人の中で熟考していくことこそが、VLにおける〝創造性〟の発展を促す可能性が推測されるのである。また〝創造性〟を用いる過程、すなわち知識の習得と個人の閃きを生じさせるには、VLの基礎能力③〝ビジュアル情報の意味を解釈し分析する〟が強く影響しているように思われる。ビジュアルの基礎的な意味を知性によって理解し、自身の中での閃きや発見を交えながら分析を行うだけでなく、分析の中で心の中に浮かんだ些細な気づきを躊躇せずに表に出し、他者の分析と交えることで成し遂げた知識の獲得や気付きやアイデアが、創造性へと繋がっていく可能性も思案されるだろう。とりわけ分析によって生み出されるアイデアの量の多さ、すなわち多くのアイデアを流暢に生み出すことは[37]、独創的なアイデアを生み出すことにも繋がっていくと考えられており[38]、生み出したアイデアを他のＶＬの基礎能力へと応用していくことで、ＶＬの取り組みそのものが〝創造的〟な取り組みとなることが期待されるのではないだろうか[39]。そのためＶＬの基礎能力①から⑦そのものを、それぞれ段階を踏んだ能力であると捉え包括的にその能力を育んでいくことが〝創造性〟の獲得・構築へと、つながっていく可能性も示唆されるのである。

加えて先に〝創造性〟を段階的に構築していくための重要な点として、閃きや発見をアシストする環境の構築を指摘したが、ＶＬに当てはめてその方法を具体的に検討していくとすると、第４章で示したように、現状では図書館司書等の図書館情報学の知識を実践している人々がその教育を推進するための人材として適任であるように思われる。しかしＶＬの獲得と〝創造性〟の獲得を合わせて考えるのであれば、扱う情報に関連したPro-cの段階の専門家がアシストの役割を担うことも、一つの有効な手段として想定されるのではないだろうか。実際教育が行われる場面では、学生や生徒の〝創造性〟に対して肯定的なフィードバックをすることが、自身の創造性を信じるための一因子になることが過去の研究から明らかになっている[40]。そのため十分な知識を有したPro-cの人材が知識を生かし、個々人のつぶさな疑問や思考を拾い上げて、肯定的に受け止めていくことも合わせて重要になっていくと考えられるのだ。ゆえに学びを遂行するすべての人の初期の閃きや発見（mini-c）をアシストし、肯定的なフィードバックを与えることができる教育システムおよび人材の確保が、ＶＬの教育及び〝創造性〟の構築においても求められると言えるだろう。これらを実際に教育の中に取り込んでいくためには、まず様々な分野の専門家が常駐する高等教育機関にてそのプロトタイプに着手し、得られた見識を義務教育等の広域的な教育へと普及させていくことが期待されよう。取り組みを広げていくことでＶＬの教育及び〝創造性〟構築を通して、教育分野が目指す21世紀型スキルの4つのＣ（Creativity, Critical thinking, Communication and Collaboration）の構築にもつながっていくことが期待されるのである。

ＶＬが他のリテラシーと異なるのは、何よりも明確な正解がないという点であろう。今、目の前にあるビジュアルが何を意味しているのか、どう解釈されうるのかを分析することは、文字のように明確な意味を有していないため正しい答えは存在しない。正しい答えが存在しないからこそ、自由に、そして自身がこれまでに培ってきた専門と結びつけて議論することが可能であり、そのプロセスの中で新しい閃きや気づきが生まれ〝創造性〟が育まれていく可能性が示唆されるのである。加えて〝創造性〟は、金銭や報酬などの外発的動機付けよりも、本来の興味や楽しみから活動を行う内発的動機づけによって最も発揮されると考えられている。(41) ゆえに〝楽しむ〟という要素も、Ｖ

L及び〝創造性〟を段階的に発展させていくための重要な要因として捉えることができるのではないだろうか。

正しい答えがないからこそその状態を〝楽しい〟と感じること、その感情がモチベーションとなり、ビジュアルのネガティブな要因を払拭し、ビジュアルそのものの可能性を広げていくための鍵となることを期待し、本書の結びとする。

おわりに

本書は、著者が博士論文を執筆するにあたり文献調査をする中で見つけた概念、ビジュアルリテラシーを自身がよりアカデミックの文脈で理解をするため、また国内における認知度拡大を目的として執筆した書籍である。

最初に筆者がＶＬの記述に逢着したのは、科学情報のビジュアル化を行う際の歴史や困難について記された書籍(1)に目を通した時であった。複数名による短いチャプターからなる書籍には、以下のように記されていた。

〝ＶＬは科学の文脈において、肉眼で捉えられる・捉えられないに限らず、新たな知見や思考を実現するために求められる能力であり、科学分野に従事する科学者は、多様な視覚表現の実践

とその感度を身につける必要がある(2)〟、

〝しかしビジュアル化を行うための技術は科学者としてのスキルとしてこれまでにトレーニングされてこなかった(3)〟、

思わず膝を打つような感覚を覚えたのを今でも鮮明に記憶している。

当時筆者は美術領域から医学分野へと自身の専門を変更し、美術の技量を用いて複雑な医療情報をビジュアル化する、いわゆるメディカル・イラストレーションの制作および研究に携わっていた。制作手順の初めには、情報のビジュアル化を希望する医師・研究者から依頼内容に関して詳細なヒアリングを行って条件等を確認するが、ヒアリングを元にドラフトを複数制作すると、そのビジュアルによって新たな視点がえられたとして、依頼者から初期の条件としてあげられていなかった新たな追加・修正事項を提示されることも少なくなかった。なぜこのようなことが起こるのだろうか、そう思いながら新たに追加された修正事項を追加する作業を行なっていると、さらに納品までに時間がかかってしまい、依頼者とのコミュニケーションをいかに円滑に進めるかに常に悩まされていたのである。もちろん自身のヒアリングが不十分であった可能性も否めないが、主な問題点は、依頼者側が依頼時点で情報がどうビジュアル化されるのかのイメージを持つことができていない、すなわち、情報からビジュアルを構築するためのイメージ力の有無が関連しているのかもしれないという可能性に気づくきっかけをもたらしたのが、このVLという概念である。

とりわけ、何かをイメージして描く、もしくは心象することは美術領域に従事していれば日常的に行う行為であったため、当時の筆者はこれらの能力は誰もができるものと疑いを持つことがなかった。しかしVLという概念を知り、改めてそれらが領域特有の特殊な能力であることに気づけたことで、自身の中で驚きを得ただけでなく、VLそのものに強く興味を持つきっかけとなったのである。

自身がVLの概念を知った当時、本書で紹介したACRLのVLの能力基準はすでに存在していたものの、それらを用いて実際に研究を行なった事例は少なく、科学的な視点と共にVLへ言及するにはまだまだ時期尚早であったため、いつかどこかで詳細に紹介する機会があればと思っていた程度であった。しかしその後数年の間、我々の社会ではテクノロジーが格段に進歩し、その恩恵から様々なビジュアルコンテンツを誰でも自由に享受・作成できるようになっただけでなく、アカデミックな文脈においてもVLに対する研究が飛躍的に進んだことで、ここで改めてそれらをまとめて提示しようと試みたのが本書である。

そして、今回本書籍でVLを扱うにあたり言及しなければならない点として〝ビジュアルを感知できない人にとっては関係のない能力なのではないか?〟という問いについても、ここで筆者なりの考えを明示しなければならないと思案している。これまでにもVLという言葉を用い、自身の大学での授業や講演会などでVLに言及することは度々あったが、その都度、視力が乏しい方、盲目の方には関係ない能力なのかと質問されることも少なくなかった。確かに、ＶＬそのもの自体は、何かを〝見る〟ことで得られる情報をいかに適切に活用していけるのか、という視点を軸とした能力である。しかしその能力の中には、ビジュアルを分析する能力、そしてそれらをどのように感じるのか言葉で描写する能力、さらに何が描かれているのかについて意見を交わし合う能力が含まれており、ＶＬを強化していくことは、ビジュアルに対する言葉の描写を多様にすることと同義であるのではと感じている。一つのビジュアルに対して、様々な視点が生まれることで、一つのビジュアルを捉える視点も多角的になっていくだけでなく、その多角的な視点によって生み出される言葉の豊かさは、視力が乏しいもしくは盲目の方と視覚の世界に対するコミュニケーションを行う際に、その捉え方をより豊かにし、全ての人に新たな気づきや経験をもたらしてくれるのでないだろうかと思案するのである。そのためＶＬは、ビジュアルを〝見る〟ことができる人に限った能力ではなく、言葉を用いて世界と心象を描写する全ての人にとって還元されうる能力であると筆者自身は捉えており、先の問いに対してこの点も本書を介し伝えていければと感じていた次第である。

加えて、言葉を用いて世界と心象を描写することが活発に行われれば、世界の捉え方それ自体にも変化が生じうるのではとも期待している。例えば今まで慣例的に思われていた対象に対して、一人一人がそれぞれに感じ分析した点を、言葉でもしくはビジュアルにて表現していくことで、新たな発見やこれまでの捉え方を覆すような斬新な視点が生まれてくる可能性も指摘できよう。またそれだけではなく、いまだ見たことない新しいビジュアルを解釈する際にも、多くの人に分析され表現され、語られることが、意味形成において重要なプロセスとなってくるのではないだろうか。もちろん、世界の捉え方それ自体を歪めることが容易に可能な点もビジュアルが持つ力の一つである。そのためビジュアルの適切な使用サイクルを構築していくためにも、ＶＬという考え方は今後の社会において重要な役割を担うのではないかと思案しており、書籍を手に取った一人でも多くの人が同様の点を感じ、自身なりのＶＬとの付き合い方を模索してもらえたら嬉しい限りである。

謝辞

最後に、本書に関わって下さった全ての方に感謝の意を以下よりお伝えできればと思います。

はじめに、本書の企画について相談に乗ってくださった、勁草書房の山田政弘氏、そして企画を通し担当してくださった、永田悠一氏に深謝申し上げます。自身で企画する書籍はこれが初めてだったため、企画から書き出しまでに思った以上に時間を要してしまった点は悔やまれますが、こうして本として形にできたことは、お二人のご尽力なくしては実現しえませんでした。

そして本書籍を執筆するにあたり、必要な参考文献の収集のためにお力添えをいただいた、恩師である東京大学大学院医学系研究科医療コミュニケーション学教室教授の木内貴弘先生はじめ、奥原剛先生、岡田宏子先生、後藤英子先生、秘書の坂口七海氏、そしてＵＭＩＮセンターの職員の方々に、心からの感謝の意をお伝えいたします。執筆に取り掛かかると同時に新型コロナウィルスの感染拡大が重なり、客員研究員として使用していた東京大学医学部図書館が使用できなくなってしまいましたが、教室の設備を代替として使用させていただけたことで膨大な知識の海を自由に渡り十分な文献を集め、書籍という形にすることができました。教室修了生として甘えてばかりですが、先生方の優しさには日々助けられており重ねて感謝申し上げる次第です。

最後に閉塞感が漂う中、日々の生活を支えてくれた家族やその一員の猫たち、そして友人・知人達にも万謝申し上げます。ダイニングテーブルに文献や書籍を積み重ねた日々も終わりを迎えると、ゆっくり椅子に座り食事を取れるのもまた楽しみですが、再びテーブルに沢山の研究資料を積み重ね研究に邁進する日々を継続できるよう、日々精進できればと思う次第です。自身が置かれた環境およびそれに関わる全ての人に感謝を申し上げ、本書の終わりといたします。

索　引

■英数字

■ア　行

■ナ　行

■ハ　行

注

序　章

（1）［参照］DAWKINS, 1989. p. 192.

（2）［参照］HEIDI, 2013.

（3）ミームの情報や歴史を紹介するデータベースサイト“Know Your Meme”（https://knowyourmeme.com/）では，主に英語を主体としたものであるが，その詳細やよく使用されているビジュアルに触れることができる。日本ではスタジオジブリが2020年9月にジブリ作品の場面写真を，商業目的以外で使用することに限定し無償提供したことで，インターネット上で“ジブリ大喜利”として画像に文字をつけて拡散された。このように多くの国でミームが生まれ拡散されている。

（4）Antonio Guillem, *Disloyal man with his girlfriend looking at another girl*, 2015, Shutterstock. https://www.shutterstock.com/ja/image-photo/disloyal-man-walking-his-girlfriend-looking-297886754

（5）［最終アクセス2021年4月8日］*American Generation Fast Facts* https://edition.cnn.com/2013/11/06/us/baby-boomer-generation-fast-facts/index.html

（6）より詳細な背景については，以下の書籍を参照。MILBURN, 2019.

（7）［最終アクセス2021年4月8日］*Sanders Schools McCain on Public Healthcare*　https://www.thenation.com/article/archive/sanders-schools-mccain-public-healthcare/

（8）［最終アクセス2021年4月8日］*Why millennials flock to Ocasio-Cortez*　https://www.bostonherald.com/2019/03/15/why-millennials-flock-to-ocasio-cortez/

（9）［最終アクセス2021年4月8日］*The Distracted Boyfriend Was Onto Something*　https://slate.com/technology/2018/03/memes-are-object-labeled-now.html

（10）2017年8月19日に投稿，3万5000以上のリツイートと10万近くの

"いいね" を獲得した［最終アクセス 2021 年 4 月 8 日］*Why that "distracted boyfriend" stock photo meme is suddenly everywhere* https://www.vox.com/culture/2017/8/25/16200526/distracted-boyfriend-other-woman-stock-photo-meme

(11)［参 照］KEMPE, KLEINBERG & TARDOS, 2003; DANCYGIER & VANDELANOTTE, 2017.

(12)［最終アクセス 2021 年 4 月 9 日］*The Story Behind The Stock Photo That Launched A Thousand Jokes* https://www.huffpost.com/entry/distracted-boyfriend-disloyal-man-wandering-eyes-meme_n_59a05626e4b05710aa5bf381

(13) このような困難を避けるため，絵画を含む芸術作品は，作品を所蔵する美術館側がマスターデータを作成し，美術館のウェブサイトを通して閲覧できるようにするなどの仕組みに取り組んでいる。美術館によってマスターデータの取り扱いは異なるが，営利目的以外の学術利用等であるなら，出典を明記することで自由に活用可能なマテリアルも多い。

また，美術作品に限らずマスターデータを一括で管理する動きは，Wikimedia Commons（自由なライセンスが付与された写真等のビジュアルコンテンツを管理するプラットフォーム）にも見受けられるが，使用する側が十分にライセンスの知識や引用方法に精通していない限り，困難を断ち切ることは難しいと考えられる。

(14)［参照］MATUSIAK, 2020.

(15) 注 14 に加えて，以下の文献も参照。AVGERINOU, 2009; FELTEN, 2008; HATTWIG, BUSSERT, MEDAILLE & BURGESS, 2013.

第 1 章

(1) Oxford Reference: "Literacy" Quick reference https://www.oxfordreference.com/view/10.1093/oi/authority.20111114202329992#:~:text=1.,also%20includes%20basic%20arithmetical%20competence.&text=Functional%20literacy%3A%20a%20level%20of,for%20daily%20life%20and%20work

(2) Oxford Reference: "Literacy" Quick reference

(3) このような，批判的な区別をされる側・する側が入れ替わる構造は，アーヴィング・ゴッフマン（Erving Goffman, 1922-1982）が提唱したスティグマ（Stigma）と同様であり，批判的な区別も時にそれがスティグマになりうることもあれば，それぞれの立場に応じた "演じ方" が求められる場合もある。ゴッフマンのスティグマおよび "演じる" 点については，

注

以下の書籍を参照。Goffman, 1974; Goffman, 2001.

（4）［参照］MATUSIAK, 2020.

（5）注4に加えて，以下の文献も参照。AVGERINOU, 2009; FELTEN, 2008; HATTWIG, BUSSERT, MEDAILLE & BURGESS, 2013.

（6）［参照］KAESTLE, 1985.

（7）*SECRETARY-GENERAL STRESSES NEED FOR POLITICAL WILL AND RESOURCES TO MEET CHALLENGE OF FIGHT AGAINST ILLITERACY, 4 September 1997* https://www.un.org/press/en/1997/19970904.SGSM6316.html#:~:text=Literacy%20is%20a%20bridge%20from,%2C%20dams%2C%20clinics%20and%20factories_ より文中のコフィ・アナン氏の発言を抜粋。本文中ではその一部を記載したが，全文は以下の通りである。

"Literacy is a bridge from misery to hope. It is a tool for daily life in modern society. It is a bulwark against poverty and a building block of development, an essential complement to investments in roads, dams, clinics and factories."［最終アクセス：2021年3月9日］

（8）注6, p. 12.

（9）注6, p. 13.

（10）SDGsの前身となる国連の開発目標。2015年までに達成すべき目標として8つのゴールと21のターゲット項目を掲げたものであり，SDGsはこの目標を継承した形を取っている。［最終閲覧2021年4月9日］*News on Millennium Development Goals* https://www.un.org/millenniumgoals/_

（11）［最終アクセス2021年4月9日］*MDG MONITOR: MDG 2: -Achieve universal primary education* https://www.mdgmonitor.org/mdg-2-achieve-universal-primary-education/

（12）［参照］GRAFF & DUFFY, 2016.

（13）注12に加えて，以下の論文を参照。OLSON, 1977.

（14）［参照］KAESTLE, 1985.

（15）［参照］KAESTLE, 1985; GRAFF & DUFFY, 2016.

（16）この，"話しことば"と"書きことば"については，これまでに，書き言葉を用いずにコミュニケーションを行う文化や人々を，書き言葉を使用する文化や人々と区別し，両者の間には大きな隔たりがある（書き言葉の方がコミュニケーションにおける優位性がある）とする，大分水嶺理論

(Great divide theory）という考えが存在する。文字が出現しそれを活用することによって，不可逆的な変化をもたらしたとする理論であるが，文字の出現前と後の二項対立で考える点について，リテラシー神話と同じく疑問が生じており，現在においても議論が続いている。大分水嶺理論については，注13のOLSON（1977）をはじめ，以下の論文および書籍を参照。GOODY & WATT, 1963; HAVELOCK, 1976; HAVELOCK, 2019; OLSON, 1994.

(17) それ以前の時代については，考古学的な証拠が残っていないため把握することが難しいという状況がある。紀元前6000年頃からエジプト全土に新石器時代の集落が出現し始めたことで，考古学的な分析ができるようになったことに起因している。以下の文献を参照。REDFORD, 1992. p. 6.

(18) WALKER & CHADWICK, 1990. pp. 7–9.

(19) KREBS & KREBS, 2003, p. 91.

(20)［参照］ALLEN, 2014. p. 2.

(21) 古代シュメール（メソポタミア）文明における前楔形文字とは別にヒエログリフが独自に発展したのかそれとも影響を受けていたのかは直接的な資料が残っているわけではないため，現在でも議論となっている。以下の書籍を参照。OLSON & TORRANCE, 2009; KREBS & KREBS, 2003.

(22)［参照］ERMAN & BLACKMAN, 2005. pp. xxvii-xxviii; WENTE & MELTZER, 1990. pp. 6–7; WILSON & WILSON, 2003. pp. 19–20, 96–97.

(23)［参照］TE VELDE, 1985. p. 66.

(24)［参照］HEGENBARTH-REICHARDT & ALTMANN, 2008.

(25)［参照］FORMAN & QUIRKE, 1996. p. 10; WILSON & WILSON, 2003. pp. 22, 47.

(26)［参照］HEGENBARTH-REICHARDT & ALTMANN, 2008.

(27)［最終アクセス2021年4月9日］「ヒエログリフとヒエラティック。東京大学・永井正勝先生に聞いた，謎多き古代エジプト文字の読み解き方」，ほとんど0円大学 http://hotozero.com/knowledge/tokyouniv_hieroglyph/.

(28)［参照］POLIS, 2018.

(29)［参照］POLIS, 2018.

(30)［参照］POLIS, 2018.

(31) エジプトで用いられていたヒエログリフでは，文字を“書く”，“ドローイング”する，絵を“描く”が同一の文字を用いて表現されていたことからもそのことが伺い知れる。詳細については，以下の論文の脚注3番の内容

を参照。POLIS, 2018.

(32) グリッドの変遷については，以下の書籍を参照。ROBINS & FOWLER, 1994.

また，グリッドシステムは，当時製作された彫像にも使用されたことが明らかになっている。以下の論文の図にその一例が記載されている。YOUNG, 1964.

(33) ［参照］ROBINS & FOWLER, 1994. pp. 13–15, 19.

(34) ［参照］ROBINS & FOWLER, 1994.

(35) ［参照］TE VELDE, 1985. p. 66.

(36) ［参照］KAESTLE, 1985.

(37) 識字率と権力については，以下の書籍を参照。CLANCHY, 1979; ONG, 2013.

(38) 古代ギリシャにおけるリテラシーと，文化的発展の因果関係について疑問を呈したものである。西洋諸国のリテラシーの変遷を含んだ以下の書籍を参照。HAVELOCK, 1976.

(39) 古代エジプト時代にはすでに文学のジャンルが複数あったとされている。以下を参照。FISCHER-ELFERT, 2003. pp. 119–138.

(40) ［参照］KAESTLE, 1985.

(41) 古代ギリシャにおいても，リテラシーは哲学，歴史，民主主義の発展に貢献したと考えられている。発展の流れを含めた詳細な情報については，以下の書籍を参照。HARRIS, 1989.

(42) 本章にて西洋諸国におけるリテラシーにのみ言及するのには，日本を含むアジア諸国におけるリテラシーの普及と西洋諸国のそれを比較し，中立的な知見を呈している研究が不足しているためである。ヒエログリフはアルファベットへと発展を遂げたとされており，グラフィック的な文字から表音文字への移行は，これまで多くの場で文化の発展と同義と捉えられていた。そのため，中国や日本のような象形文字システムは，表音文字のアルファベットよりも劣っていると誤って考えられ文字システムに対する深刻な誤解につながったと言われている（FINNEGAN, 1988; STREET, STREET, BURKE & FINNEGAN, 1984; STREET, 1995.）。この課題を踏まえた上で，全ての文字システムにおけるリテラシーが近代に至るまでにどのような変遷を辿ってきたのかを，それぞれの文字システムに敬意を払った上で論じる必要があるが，今回の書籍の本題からは外れる。今後適切な比較研究が行われることを期待する。

日本の初期における口承から文字への移行を規定する複雑なプロセスの

探求を記した書籍は以下を参照。LURIE, 2011.
(43)［参照］KAESTLE, 1985.
(44)［参照］GRAFF & DUFFY, 2016.
(45) ヨハネス・ゲンスフライシュ・ツア・ラーデン・ツム・グーテンベルク（Johannes Gensfleisch zur Laden zum Gutenberg, 1398-1468）によって発明された。
(46) GRAFF & DUFFY, 2016. 印刷技術とリテラシーの関係性については以下の書籍と論文を参照。EISENSTEIN, 1980; GRAFTON, 1980; CLANCHY, 2018.
(47) KAESTLE, 1985.
(48) GRAFF & DUFFY, 2016.
(49) 教育とリテラシーを並列に表記したが，必ずしも教育＝リテラシーではなく，学校の外にもリテラシーの世界が存在することがあるとする主張もある。以下の論文と書籍を参照。HEATH, 1980; HEATH, 2009.
(50) GRAFF & DUFFY, 2016.
(51) GRAFF & DUFFY, 2016.
(52)［参照］ST CLAIR & SANDLIN, 2004.
(53) 以下の書籍の議論を参照。GRAFF, 1987; LEVINE, 2018.
(54) GRAFF & DUFFY, 2016.
(55) GRAFF & DUFFY, 2016.
(56) GRAFF & DUFFY, 2016.
(57) 異なる言語の話者が統治している植民地などでは，より立場の弱い言語を貧困，社会的汚名などの否定的な価値観と関連付け，社会的・経済的進歩や近代化に近づくために，より支配的な言語を採用したいと望むようになることがあるとされている。以下の書籍を参照。AUSTIN & SALLABANK, 2011.
(58)［参照］ASONYE, 2013.
(59) 言葉の死については以下の書籍の内容を参照。JANSE & TOL, 2003.
(60)［参照］LEWIS & DEL VALLE, 2009; MCCARTHEY, 2001; MCCARTHEY, 2002.
(61) MOJE, LUKE, DAVIES & STREET, 2009.
(62)［参照］NORTON & TOOHEY, 2011.
(63) MOJE, LUKE, DAVIES & STREET, 2009.
(64) しかしアイデンティティの認識は，個人だけが行うものではなく，関係性や社会的文脈の中で他者に認識されたときにのみ存在するものである

という見解や（GEE, 2000.），時間の経過とともに個人が変化を遂げるため，その人生について自身もしくは他者が語る物語の中でしか見ることができない（MCADAMS, 1997; SFARD & PRUSAK, 2005.），等，様々な視点が存在するが，他者との言語を通したコミュニケーションによって成り立っていることは共通しており，他者という視点はアイデンティティの認識において重要なファクターであることが伺える。

(65) MOJE, LUKE, DAVIES & STREET, 2009.

(66) MOJE, LUKE, DAVIES & STREET, 2009.

(67) OLSON, 1977.

第２章

(1)［最終アクセス 2021 年 4 月 22 日］Centers for Disease Control and Prevention（CDC），Health Literacy Basics https://www.cdc.gov/healthliteracy/learn/index.html

(2)［最終アクセス 2021 年 4 月 22 日］Centers for Disease Control and Prevention（CDC），Health Literacy Basics https://www.cdc.gov/healthliteracy/learn/index.html

(3)［最終アクセス 2021 年 4 月 22 日］Office of Disease Prevention and health Promotion, Health Literacy in Healthy People 2030 https://health.gov/our-work/healthy-people/healthy-people-2030/health-literacy-healthy-people-2030

(4)［参照］KUSHEL, PERRY, BANGSBERG, CLARK & MOSS, 2002; EICHLER, WIESER, & BRÜGGER, 2009.

(5)［参照］CRICK, 1995. p. 20.

(6)［参照］BYNUM, PORTER, MESSENGER & OVERY, 2005. p. 597.

(7) この点に言及したドンディスは，VL の研究に初期に取り組んだデベスと同年代で VL に言及している研究者であるが，お互いの功績については言及し合っていないため，交わりがみられなかった。ドンディスが VL へ言及した書籍は以下であり，本文中の指摘も以下の書籍になされている。DONDIS, 1973.

(8) PEÑA ALONSO, 2018. p. 33.

(9)［最終アクセス 2021 年 4 月 28 日］International Visual Literacy Association HP https://visualliteracytoday.org/

(10)［参照］DEBES, 1969a.

(11)［参照］MOORE & DWYER, 1994. p. 14.

(12)［参照］PEÑA ALONSO, 2018. pp. 41-44.
(13)［参照］DAVIS, 1939. p. 13.
(14) PEÑA ALONSO, 2018.
(15)［参照］PEÑA ALONSO, 2018. pp. 113-115.
(16)［参照］MCLUHAN & FIORE, 1967. p. 123, 126-128.
(17)［参照］MCLUHAN, 1955.
(18)［参照］LANIER, 1966a; LANIER, 1966b.
(19)［参照］AVGERINOU & PETTERSSON, 2011; KĘDRA, 2018; THOMPSON & BEENE, 2020; BRUMBERGER, 2019.
(20)［参照］FRANSECKY & DEBES, 1972. p. 9.
(21)［参照］BRUMBERGER, 2019.
(22)［参照］DONDIS, 1973.
(23)［参照］PEÑA ALONSO, 2018. pp. 106-109.
(24)［参照］PEÑA ALONSO, 2018. pp. 106-109.
(25) FRANSECKY, 1969; FRANSECKY & DEBES, 1972.
(26) DONDIS, 1970; DONDIS, 1973.
(27)［参照］AVGERINOU & ERICSON, 1997; AVGERINOU & PETTERSSON, 2011.
(28)［参照］SINATRA, 1986.
(29)［参照］PEÑA ALONSO, 2018. pp. 116-117.
(30)［参照］AVGERINOU & PETTERSSON, 2011.
(31)［参照］AVGERINOU & ERICSON, 1997.
(32)［参照］DEBES, 1969a. p. 27.
(33)［参照］DEBES, 1969b. p. 14-15, p. 34.
(34)［参照］FRANSECKY & DEBES, 1972. p. 14.
(35) それぞれ個別の定義については，以下の論文で詳細がまとめられている。PEÑA ALONSO, 2018. pp. 33-34; PETERSSON, 2015; PETTERSSON, 2018. pp. 25-16.
(36)［参照］AVGERINOU & ERICSON, 1997.
(37)［参照］AVGERINOU & ERICSON, 1997.
(38)［参照］MAYER, 2014.
(39)［参照］AVGERINOU & ERICSON, 1997.
(40)［参照］JEWITT, 2008.
(41)［参照］BRADEN, 1993.
(42)［参照］AKÇAYIR, DÜNDAR & AKÇAYIR, 2016; KIRSCHNER &

DE BRUYCKERE, 2017.
(43)［参照］LITTLE, FELTEN & BERRY, 2015.
(44)［参照］KĘDRA, 2018.
(45)［参照］AVGERINOU & ERICSON, 1997.
(46)［最終アクセス 2021 年 4 月 30 日］http://www.ala.org/acrl/standards/visualliteracy
(47)［参照］BAWDEN & ROBINSON, 2013. p. 106.
(48)［参照］THOMPSON & BEENE, 2020.
(49) http://www.ala.org/acrl/standards/visualliteracy; THOMPSON & BEENE, 2020.
(50)［参照］BRUMBERGER, 2019.
(51)［参照］BROWN, BUSSERT, HATTWIG & MEDAILLE, 2016.
(52) 基礎能力⑤の，パフォーマンス指標 3 に言及がある（p. *xxx* を参照）。

第3章

(1) 英語での表記は以下の通りである。“The motion picture is destined to revolutionize our educational system and that in a few years it will supplant...the use of textbooks” 記載文献は以下。CUBAN, 1986. p. 9.
(2)［参照］AVGERINOU & ERICSON, 1997.
(3)［参照］中島義明・井上雅勝，1993.
(4)［参照］DWYER, 1970; DWYER, 1971; LOFTUS & BELL, 1975.
(5)［参照］AVGERINOU, 2003.
(6)［最終アクセス 2021 年 5 月 6 日］American Psychological Association（APA）Dictionary of Psychology: Cognitive science https://dictionary.apa.org/cognitive-science
(7)［参照］KLEIN & NICHOLS, 2012.
(8) 二重符号化論は，ペイヴィオにより提唱された考え方であり，以下の 2 つの論文に加えて，書籍にもその詳細が記されている。
〈論文〉PAIVIO & BEGG, 1971a; PAIVIO & BEGG, 1971b.
〈書籍〉PAIVIO, 1971; PAIVIO, 1986.
(9)［参照］CLARK & PAIVIO, 1991.
(10)［参 照］PAIVIO, 1965; PAIVIO, 1968; PAIVIO, YUILLE & SMYTHE, 1966.
(11)［参 照］PAIVIO, 1965; PAIVIO, 1968; PAIVIO, YUILLE & SMYTHE, 1966.

(12)［参照］PAIVIO & CSAPO, 1969.
(13)［参照］AVGERINOU, 2003; BEATTY, 2013; CHEN, 2004.
(14)［参照］LEVIE & LENTZ, 1982; CLARK, 1978.
(15)［参照］PEECK, 1974.
(16)［参照］LEVIE & LENTZ, 1982; CLARK, 1978.
(17)［参照］HURT, 1987.
(18)［最終アクセス 2021 年 5 月 7 日］American Psychological Association Dictionary of Psychology: Working memory https://dictionary.apa.org/working-memory
(19)［参照］DIAMOND, 2013; COWAN, 2008.
(20)［参照］ERICSSON & KINTSCH, 1995.
(21)［参照］BADDELEY & HITCH, 1974.
(22)［参照］ATKINSON & SHIFFRIN, 1968; BADDELEY, 1966.
(23)［参照］MILLER, 1994; JUST & CARPENTER, 1992; TOWSE, HITCH & HUTTON, 2000; WAUGH & NORMAN, 1965.
(24)［参照］MILLER, 1994.
(25) 認知負荷理論は 1988 年にジョン・スウェラー（1946-）によって導入された考え方で，その後実際に認知負荷を測定するための方法が開発されている。以下の論文を参照。SWELLER, 1988; PAAS & VAN MERRIËNBOER, 1993; SKULMOWSKI & REY, 2017.
(26)［参照］SWELLER, VAN MERRIENBOER & PAAS, 1998.
(27) 70 年代にスウェラーが行った実験の結果を説明するために，認知負荷という概念が導入された。以下導入のきっかけになった研究と，理論に関する初期の論文を以下に提示。SWELLER, 1976; SWELLER, 1988; SWELLER, CHANDLER, TIERNEY & COOPER, 1990.
(28)［参照］SCHNOTZ & KÜRSCHNER, 2007.
(29)［参照］CHANDLER & SWELLER, 1991.
(30) 内在性認知負荷（Intrinsic cognitive load: IL）は基本的には変えられないという主張が主流であり，それを前提とした研究が行われているが，コントロールすることができるとする主張もある。IL の可変性に関する論文は以下の文献にまとめられている。参照。DE JONG, 2010.
(31)［参照］SWELLER, VAN MERRIENBOER & PAAS, 1998. SWELLER, 2005. pp. 19–30.
(32)［参照］KALYUGA, CHANDLER & SWELLER, 1998.
(33) 外在性認知負荷（Extraneous cognitive load: EL）の軽減を試みた論文

として代表的なものを以下に提示。MAYER & CHANDLER, 2001; MAYER & MORENO, 2003.

(34)［参照］SWELLER, VAN MERRIENBOER & PAAS, 1998.

(35)［参照］PAAS & VAN MERRIËNBOER, 1994.

(36)［参照］SWELLER, 2005.

(37)［参照］AYRES, 2006.

(38)［参照］SWELLER & CHANDLER, 1994.

(39)“冗長”となる情報は，学習者の習熟度によっても変化すると言われており，例えば，初心者の理解に不可欠な基本的な情報が，熟練した学習者にとっては冗長になる可能性があると考えられている。この点については以下の文献を参照。KALYUGA, CHANDLER & SWELLER, 1998; SWELLER, AYRES, KALYUGA & CHANDLER, 2003.

(40)［参照］AINSWORTH, 2006.

(41)［参照］BOBIS, SWELLER & COOPER, 1993; CHANDLER & SWELLER, 1991.

(42)［参照］MAYER, 1997; MAYER, 2002.

(43) ビジュアルと共に提示されるテキストは視覚ベースではなく聴覚ベースの方がより学習効果が高まるという研究が散見される。聴覚情報とビジュアルとの関係については以下の論文を参照。MOUSAVI, LOW & SWELLER, 1995; TINDALL-FORD, CHANDLER & SWELLER, 1997; KALYUGA, 2000; LEAHY, CHANDLER & SWELLER, 2003.

(44) 注 30 で参照した文献を参照

第 4 章

(1) 図書館情報学における図書館学と情報科学の融合については，様々な議論があり両分野を統合しようという動きがある一方で，両者は別の学問であると考える人々もいるため，本文の説明では不十分な点もある。それらの議論については以下の文献を参照。SARACEVIC, 1992; MIKSA, 1992.

(2)［参照］BAWDEN & ROBINSON, 2013. p. 106.

(3) 現在最も新しい，「日本十進分類法（NDC）新訂 10 版」の詳細な分類方法については以下を参照。［最終アクセス 2021 年 5 月 26 日］国立国会図書館「日本十進分類法（NDC）新訂 10 版」分類基準　https://www.ndl.go.jp/jp/data/NDC10code202006.pdf

(4) BAWDEN & ROBINSON, 2013. p. 105 参照。

（5）ZENG & QIN, 2014. p. 15.

（6）［参照］CHUA & YANG, 2008.

（7）オープンサイエンス（OS）を推進する欧州の組織，FOSTER Plus（Fostering the practical implementation of Open Science in Horizon 2020 and beyond）が，OS の基礎概念として記した内容である。元の英文記載 URL は以下の通り。［最終アクセス 2021 年 5 月 26 日］https://www.fosteropenscience.eu/content/what-open-science-introduction また，FOSTER が当該文章を記述するのに参照した文献も参照。FECHER & FRIESIKE, 2014.

（8）注 7 の FOSTER Plus の HP を参照。

（9）OS のプラットフォームを作る動きは国内外で活発化しており，日本でも文科省事業として推進されている。他には，国立情報学研究所をはじめとし，様々な大学および研究機関でその取り組みが行われつつある。参考：国立情報学研究所 オープンサイエンス基盤研究センター https://rcos.nii.ac.jp/openscience/

（10）プレプリントは基本的に無料で閲覧や投稿が可能であるが，投稿料を要求するシステムも存在する。基本的にプレプリントサーバーに投稿した論文は，後に正式に査読付き雑誌に投稿することが推奨されている。プレプリントの歴史と仕組みについては，以下の文献を参照。FLANAGIN, FONTANAROSA & BAUCHNER, 2020.

（11）注 7 の FOSTER Plus の HP を参照。

（12）メトロポリタン美術館（The Metropolitan Museum of Art）や，大英博物館（The British Museum），スミソニアン博物館（Smithsonian Museum）等，世界中の美術館や博物館等でデジタルアーカイブの公開が行われている。

（13）［参照］FLANAGIN, FONTANAROSA & BAUCHNER, 2020.

（14）［参照］FLANAGIN, FONTANAROSA & BAUCHNER, 2020.

（15）以下の Nature の記事を参照［最終アクセス 2021 年 5 月 26 日］。ELSE, 2020. https://www.nature.com/articles/d41586-020-03564-y

（16）［参照］FLANAGIN, FONTANAROSA & BAUCHNER, 2020.

（17）［参照］FLANAGIN, FONTANAROSA & BAUCHNER, 2020.

（18）本論文では，IL と同様に ACRL の VL の定義に準拠する。以下を参照。［最終閲覧日 2021 年 5 月 26 日］Association of College & Research Libraries, 2016. p. 8. http://www.ala.org/acrl/sites/ala.org.acrl/files/content/issues/infolit/framework1.pdf

注

(19)［参照］ADDISON & MEYERS, 2013; SAMPLE, 2020.

(20)［最終アクセス 2021 年 5 月 26 日］Presidential Committee on Information Literacy: Final Report http://www.ala.org/acrl/publications/whitepapers/presidential

(21)［最終アクセス 2021 年 5 月 26 日］Association of College & Research Libraries (ACRL). 2000. Information Literacy Competency Standards for Higher Education. https://alair.ala.org/handle/11213/7668

(22)［最終アクセス 2021 年 5 月 26 日］"The Prague Declaration – 'Toward an Information Literate Society'" (PDF). Information Literacy Meeting of Experts. September 2003. http://www.unesco.org/new/fileadmin/MULTIMEDIA/HQ/CI/CI/pdf/PragueDeclaration.pdf

(23) 6 つのコアとその詳細については，注 21 の資料を参照。

(24)［参照］MARCUM, 2002.

(25)［参照］MARCUM, 2002.

(26)［参照］EISENBERG, 2008.

(27)［参照］BEATTY, 2013.

(28)［最終アクセス 2021 年 5 月 26 日］文部科学省：司書について https://www.mext.go.jp/a_menu/shougai/gakugei/shisyo/#03

(29)［最終アクセス 2021 年 5 月 27 日］ALA American Library Association, Rainbow Round Table Bylaws & Mission Statement http://www.ala.org/rt/rrt/about/bylaws

(30)［最終アクセス 2021 年 5 月 27 日］ALA American Library Association, Libraries Respond: Services to LGBTQIA+ People http://www.ala.org/advocacy/diversity/librariesrespond/Services-LGBTQ

(31)［参照］BRATSLAVSKY, WRIGHT, KRITSELIS & LUFTIG, 2019; SHIVERS, LEVENSON & TAN, 2017; HATTWIG, BUSSERT, MEDAILLE & BURGESS, 2013.

(32)［参照］瀬戸口，2019.

(33) 瀬戸口，2019.

(34)［最終アクセス 2021 年 5 月 27 日］Association of College & Research Libraries (ACRL), Information Literacy Competency Standards for Higher Education, p. 8. https://alair.ala.org/handle/11213/7668

6 つのコンセプトの日本語訳およびその詳細については，以下を参照。小田，2016.

(35)［最終アクセス 2021 年 5 月 27 日］Association of College & Research

Libraries (ACRL), Information Literacy Competency Standards for Higher Education, p. 7　https://alair.ala.org/handle/11213/7668

(36) 注 35 の p. 9.

(37) 注 35 の p. 27.

(38) BROWN, BUSSERT, HATTWIG & MEDAILLE, 2016.

第5章

(1)［参照］PEÑA ALONSO, 2018. pp. 41-44.

(2)［参照］MAYER, 2014. https://mountainscholar.org/bitstream/handle/20.500.11919/1525/FACW_LIBR_2014_1442232757_Mayer_Jennifer.pdf?sequence=1

(3)［参照］FELTEN, 2008; LITTLE, FELTEN & BERRY, 2010; MILBOURN, 2013; SCHOEN, 2014.

(4) MAYER, 2014.

(5) 元々は，哲学の分野で用いられていた用語が美術領域においても使われるようになった。変遷も含めて，以下の論文を参照。GEAHIGAN, 1999.

(6) イスラム教の宗派によって偶像崇拝の禁止の度合いが異なるが，スンニ派では基本的に禁止の立場をとっている。以下の論文を参照。LARSSON, 2016. p. 51.

(7) 該当事例として，ユランズ・ポステンのムハンマド漫画論争／ムハンマド漫画危機（Jyllands-Posten Muhammad cartoons controversy or Muhammad cartoons crisis）があげられる。2005 年，デンマークの新聞，ユランズ・ポステンがムハンマドを描いた漫画を掲載し，デンマークのイスラム教団体から苦情が寄せられ，一部のイスラム教国におけるデモや暴動を含む世界中の抗議活動に発展した事例である。以下の論文を参照。JENSEN, 2006.

(8) 該当事例として，2015 年に生じたシャルリー・エブド襲撃事件（Charlie Hebdo shooting）があげられる。ムハンマドの風刺画を掲載した新聞，シャルリー・エブドに対して，イスラム過激派テロリストが同社を襲撃し，12 名の死者が生じた。事件の凄惨さだけでなく，表現の自由の議論等，様々な社会的な議論が生まれた事件の一つ。

(9)［最終アクセス 2021 年 6 月 10 日］"Science, Technology, Engineering, and Mathematics (STEM) Education: A Primer" (PDF). Congressional Research Service. https://sgp.fas.org/crs/misc/R42642.pdf

(10) [最終アクセス2021年6月10日] STEM for All, The WHITE HOUSE President Barack Obama. https://obamawhitehouse.archives.gov/blog/2016/02/11/stem-all
(11) [最終アクセス2021年6月10日] Science, Technology, Engineering, and Math, including Computer Science, U.S. Department of Education. https://www.ed.gov/stem
(12) [参照] BOWEN & ROTH, 2002; LEU, KINZER, COIRO & CAMMACK, 2004; WALPOLE, 1998.
(13) [参照] CANHAM & HEGARTY, 2010.
(14) [参照] MCTIGUE & FLOWERS, 2011.
(15) [参照] LOWE, 2004; LOWE, 1993; LOWE, 1994; LOWE, 1996.
(16) [参照] MYLES-WORSLEY, JOHNSTON & SIMONS, 1988; CHASE & SIMON, 1973.
(17) 以下の書籍では，いかに量的な情報を視覚化するべきかの取り組みが見られる。TUFTE, 1997. 書籍の作者は統計学者であり，より感覚的に美しいデータを提示することを目指しており，それら美しいデータ表現を集めた書籍も発行している。TUFTE, 2006.
(18) [参照] PAUWELS, 2005.
(19) [参照] FINKE, WARD & SMITH, 1992. p. 45; GOLDSCHMIDT, 1994.
(20) [参照] HOKANSON, 2019.
(21) [参照] HOKANSON, 2019.
(22) [参照] HOKANSON, 2019.
(23) [参照] HOKANSON, 2019.
(24) [参照] HOKANSON, 2019.
(25) [参照] GOLDSCHMIDT, 1991; GOLDSCHMIDT, 2003.
(26) [参照] ARNHEIM, 2015. p. 254.
(27) [参照] APTER, PAASCHE-ORLOW, REMILLARD, BENNETT, BEN-JOSEPH, BATISTA, HYDE & RUDD, 2008.
(28) [参照] BROWN & CARRABINE, 2017.
(29) [参照] HOUGHTON & WILLOWS, 1987.
(30) 米国における黒人の奴隷制度や，ナチスドイツのホロコーストなどがそれに該当する。
(31) [最終アクセス2021年6月10日] "AAPA Statement on Race & Racism" https://physanth.org/about/position-statements/aapa-statement-race-and-racism-2019/ "人種主義に反対するユネスコ（国連教育科学文

化機関）人種主義，人種差別，外国人排斥および関連のある不寛容に反対する世界会議” UNESCO（国連教育科学文化機関）. https://www.hurights.or.jp/archives/durban2001/pdf/against-racism-unesco.pdf
(32)［参照］LÓPEZ, VARGAS, JUAREZ, CACARI-STONE & BETTEZ, 2018.
(33)［参照］LÓPEZ, VARGAS, JUAREZ, CACARI-STONE & BETTEZ, 2018.
(34)［参照］LÓPEZ, VARGAS, JUAREZ, CACARI-STONE & BETTEZ, 2018.
(35)［参照］ZAMBRANA & DILL, 2006.

第6章

(1) 創造性の事例として，アインシュタイン以外にも，画家のパブロ・ピカソ（Pablo Ruiz Picasso, 1881–1973），物理学者のマリ・キュリー（Marie Curie, 1867–1934）や，作曲家のルートヴィヒ・ヴァン・ベートーヴェン（Ludwig van Beethoven, 1770–1827）などがあげられる。以下の論文を参照。HOKANSON, 2019.
(2)［参照］HATTWIG, BUSSERT, MEDAILLE & BURGESS, 2013.
(3)［参照］BRATSLAVSKY, WRIGHT, KRITSELIS & LUFTIG, 2019.
(4)［参照］HOKANSON, 2019.
(5) PLUCKER, BEGHETTO & DOW, 2004.
(6)［参照］FADEL, TRILLING & BIALIK, 2015. p. 112.
(7) FADEL, TRILLING & BIALIK, 2015 の p. 67 の Figure 2 を参照。
(8) BRATSLAVSKY, WRIGHT, KRITSELIS & LUFTIG, 2019.
(9) 1905 年にアインシュタインが特殊相対性理論について発表し，1907 年には，ピカソは作品「アビニヨンの娘たち」を発表している。アインシュタインとピカソの関係性は創造性の研究において例として用いられることが多い。以下の文献を参照。EVERDELL, 1997.
(10) 分野全般的創造性と，分野特有創造性の詳細については以下の書籍を参照。SAWYER, 2012.
(11)［参照］GUILFORD, 1950; GLAVEANU, KAUFMAN, BAER & CAMBRIDGE UNIVERSITY, 2017. p. 9.
(12) GLAVEANU, KAUFMAN, BAER & CAMBRIDGE UNIVERSITY, 2017. p. 4.
(13) 研究全体の詳細な内容については以下の書籍を参照。KAUFMAN,

2014.

(14) [参 照] KAUFMAN, 2001a; KAUFMAN, 2001b; KAUFMAN & BAER, 2002.

(15) [参照] BAER, 2010.

(16) [参照] JUNG, 2014; KIM, 2005.

(17) サヴァン症候群のような特定の事例を除いた場合である。詳しくは以下の文献を参照。TREFFERT, 2014.

(18) [参 照] GLAVEANU, KAUFMAN, BAER & CAMBRIDGE UNIVERSITY, 2017. pp. 12–13.

(19) アミューズメントパーク理論の詳細については，以下の書籍を参照。GLAVEANU, KAUFMAN, BAER & CAMBRIDGE UNIVERSITY, 2017. pp. 8–17.

(20) [参 照] GLAVEANU, KAUFMAN, BAER & CAMBRIDGE UNIVERSITY, 2017. p. 13.

(21) GLAVEANU, KAUFMAN, BAER & CAMBRIDGE UNIVERSITY, 2017. p. 13 の表を参照に作成

(22) [参 照] GLAVEANU, KAUFMAN, BAER & CAMBRIDGE UNIVERSITY, 2017. p. 4.

(23) 研究の詳細な内容は以下の書籍を参照。CSIKSZENTMIHALYI, 1997. その他，創造性を測定するための指標（Torrance Test of Creative Thinking）なども存在する。詳細は以下の書籍を参照。TORRANCE, 1998.

(24) [参照] FINDLAY & LUMSDEN, 1988.

(25) [参照] HOKANSON, 2019.

(26) [参照] KAUFMAN & BEGHETTO, 2009.

(27) [参照] ANDERS ERICSSON, RORING & NANDAGOPAL, 2007.

(28) 10年の根拠となる研究は以下を参照。BLOOM, 1985; HAYES, 1989. GARDNER, 1993.

(29) KAUFMAN & BEGHETTO, 2009.

(30) RUNCO, 1996; RUNCO, 2004; NIU & STERNBERG, 2006; BEGHETTO & PLUCKER, 2006; COHEN, 1989; VYGOTSKY, 2004.

(31) [参照] BEGHETTO & KAUFMAN, 2007.

(32) KAUFMAN & BEGHETTO, 2009.

(33) KAUFMAN & BEGHETTO, 2009.

(34) KAUFMAN & BEGHETTO, 2009.

(35) KAUFMAN & BEGHETTO, 2009.
(36) KAUFMAN & BEGHETTO, 2009 の Figure 1 を参照。
(37)［参照］EPSTEIN, SCHMIDT & WARFEL, 2008.
(38)［参照］KUDROWITZ & DIPPO, 2013.
(39) また生み出されたアイデアは，書き出すことによって明確化され，構造化されるとも考えられており（注 1，HOKANSON, 2019），文字で記載するだけでなく，ビジュアルとして描き出すことも期待されることからも，この一連の流れが VL の基礎能力の③，そして⑤と⑥の繋がりをより鮮明にしているとも捉えることができる。
(40)［参照］BEGHETTO, 2006.
(41)［参 照］AMABILE & GITOMER, 1984; AMABILE, HENNESSEY & GROSSMAN, 1986; AMABILE, HILL, HENNESSEY & TIGHE, 1994; BEGHETTO, 2005.

おわりに

(1) PAUWELS, 2005.
(2) PAUWELS, 2005.
(3) TRUMBO, 2005.

ACRL VL における基礎能力・パフォーマンス指標・学習成果 一覧

基礎能力①
VL を有する学生は必要とされるビジュアル資料の性質と範囲を決定する

パフォーマンス指標

1. VL を有する学生はビジュアルの必要性を定義し明確にする

学習成果

a．プロジェクト内における画像の目的を明確にする（例：図解，証拠，一次資料，分析対象，批評，解説）

b．計画されている画像利用の範囲（どの様な聴衆か等）と環境（アカデミックの場，全ての人に開かれた Web 上等）を明確にする

c．画像が満たすべき基準を明確にする（例：被写体，絵の内容，色，解像度等の項目）。

d．必要とされるビジュアルを描写するためのキーコンセプトと用語を特定する

e．画像使用のための分野別の規約を確認する

パフォーマンス指標

2. VL を有する学生は様々なビジュアルのソース，素材，およびタイプを識別する

学習成果

a．利用可能なビジュアルに精通し，関連するビジュアルコンテンツのアイデアを生み出すためのビジュアルソースを調査する

b．さまざまなビジュアルソースおよびフォーマット（デジタル，印刷物，サブスクリプションデータベース，オープンウェブ，書籍または記事，リポジトリ，個人の創作物など）の範囲，コンテンツ，潜在的な有用性を調査する

c．さまざまなビジュアルおよびビジュアルメディアのタイプと素材を識別する（例：絵画，印刷物，写真，デジタル画像，データモデル）
d．データや情報の伝達にビジュアルを使用する方法を明確に説明できる（例：チャート，グラフ，地図，ダイアグラム，モデル，レンダリング，立面図）
e．既存のビジュアルを修正または再利用して，新しいビジュアルコンテンツを作成可能であることを認識する

基礎能力②
VL を有する学生は必要なビジュアル情報を効果的かつ効率的に見つけ利用する

パフォーマンス指標

1. VL を有する学生は必要なビジュアル（画像や映像メディア）を見つけ，活用するために，最適な情報源や検索システムを選択する

学習成果

a．学際的および専門的なビジュアルソースを特定する
b．様々なタイプのビジュアルソースと検索システムの利点と欠点を明確に説明できる
c．ビジュアル検索プロセスが，画像の権利や使用制限にどのように影響されるか認識する
d．ビジュアルソースを選択するために，専門的なオンラインまたは対面式のサービスを利用する（例：オンラインリサーチガイド，図書館員・司書，学芸員，アーキビスト，分野別の専門家）。
e．現在のプロジェクトに最も適したビジュアルソースを選択する

パフォーマンス指標

2. VL を有する学生は効果的なビジュアル検索を行う

学習成果

a．必要とされるビジュアルに適した，利用可能なリソースに沿った検索戦略を策定する
b．ビジュアルコンテンツへのアクセスを提供するテキスト情報の役割を認識し，ビジュアルと関連付けられているテキスト情報，およびメタデータの種類を特定する（例：キャプションなどの説明文，個人またはユーザーが作成したタグ，作成者情報，リポジトリ名，タイトルの

キーワード，ビジュアルコンテンツの説明)。
c．ビジュアルはテキストベースの情報とは異なる方法で整理されることが多く，これがビジュアルへのアクセス方法に影響を与えることを認識する（例：全文検索の欠如，統制語彙の差異，主題用語の欠如)。
d．必要なビジュアルのキーワード，同義語，関連語を特定し，それらの用語をビジュアルソースで使用されている語彙とマッピングする
e．ビジュアルを使用し，調査，社会的繋がり，ビジュアル検索エンジン，ブラウジングを通して，他のビジュアルを探す
f．ビジュアルとトピックのリサーチを同時に行い，それぞれが他方に情報を提供しながら，反復的なリソース収集プロセスを行う
g．検索されたビジュアルの質，量，妥当性を評価し，必要に応じて検索戦略を修正する

パフォーマンス指標

3. VL を有する学生はビジュアルや情報源を入手し，情報を整理する

学習成果

a．適切な技術やシステム（ダウンロード機能，コピー&ペースト，スキャン，カメラなど）を使って，必要なビジュアルを取得または複製する
b．ビジュアル研究の目的をサポートするために，必要に応じて物理的対象にアクセスする（例：アーカイブ，リポジトリ，博物館，ギャラリー，図書館への訪問）
c．個人的な検索，再利用，学術的な引用のために，ビジュアルとそれに付随する情報を整理する

基礎能力③

VL を有する学生はビジュアル情報の意味を解釈し分析する

パフォーマンス指標

1. VL を有する学生はビジュアルの意図・意味に関連する情報を特定する

学習成果

a．ビジュアルを注意深く見て内容や物理的な詳細を観察する
b．ビジュアルのキャプション，メタデータ，付属するテキストを読み，ビジュアルについて理解する
c．ビジュアルの主題を特定する

d．ビジュアル同士の関係を調べ，関連するビジュアルを解釈に役立てる
e．ビジュアルについてより多くの情報が必要な場合を認識し，さらなる調査のための質問を作成し，必要に応じて追加調査を行う

パフォーマンス指標

2. VL を有する学生は文化的・社会的・歴史的な文脈にビジュアルを位置づける

学習成果

a．ビジュアル制作に関連する文化的・歴史的要因（時代，地理，経済状況，政治的構造，社会的慣習など）を説明する
b．元の文脈におけるビジュアルの目的と意味を調査する
c．意味を構築したり解釈に影響を与えたりするための，ビジュアル制作時の選択を探る（例：構成，構図，含まれるまたは除外される要素，演出）。
d．ビジュアルの対象とされる視聴者について説明する
e．ビジュアルにおけるジェンダー，エスニシティ，その他の文化的または社会的なアイデンティティーの表現について検討する
f．ビジュアルの視聴者，文脈，解釈が時間の経過とともにどのように変化したかを調べる

パフォーマンス指標

3. VL を有する学生はビジュアルの物理的・技術的・デザイン的構成要素を特定する

学習成果

a．ビジュアルの絵画的，グラフィック的，美的要素（色，構図，線，形，コントラスト，反復，スタイルなど）を説明する。
b．ビジュアルの制作に使用された技術，テクノロジー，または素材を特定する
c．ビジュアルがオリジナルであるか複製であるかを判断する
d．画像に編集，変更，操作の痕跡があるかどうかを確認する（例：トリミング，色補正，画像補正）。

パフォーマンス指標

4. VL を有する学生は他者との対話を通じてビジュアルの解釈と分析の正当性を確認する

学習成果

a．教室やその他の場所で，ビジュアルに関するディスカッションに参加する

b．参考資料や学術出版物に掲載されている情報や分析を含め，ビジュアルに関する専門家や学者の意見を求める

c．分析に，専門分野特有の視点やアプローチを取り入れる。

基礎能力④

VLを有する学生はビジュアルとその情報源を評価する

パフォーマンス指標

1. VLを有する学生はビジュアルコミュニケーションとしてのビジュアルの有効性と信頼性を評価する

学習成果

a．画像がどのように効果的に特定の目的を達成するか評価する

b．意図された視聴者に対するビジュアルメッセージの妥当性と影響を評価する

c．解釈に影響を与えるためにビジュアル制作に使用された可能性のある説得的または操作的な戦略を批判する

d．意味を伝えるための視覚的な記号，シンボル，慣習の使用を評価する

e．ビジュアルの編集や操作が，ビジュアルの意味や信頼性に及ぼす影響を分析する

f．データのグラフィック表現（例：チャート，グラフ，データモデル）の正確性と信頼性を判断する

g．規律的な基準を用いてビジュアルを評価する

パフォーマンス指標

2. VLを有する学生はビジュアルの美的・技術的特徴を評価する

学習成果

a．ビジュアルの美的・デザイン的特徴（色使い，構図，線，形，コントラスト，反復，スタイルなど）を評価する

b．ビジュアルの技術的特性（例：解像度，サイズ，鮮明さ，ファイルフォーマット）を評価する

c．色の正確さ，解像度，操作レベル，他の複製物との比較などの指標に基づいて，ビジュアルの複製の品質を評価する

パフォーマンス指標

3. VL を有する学生はビジュアルに付随する文字情報を評価する

学習成果

a．ビジュアルに付随する情報の正確性，信頼性，最新性，完全性を評価する

b．文字情報を評価するためにビジュアルコンテンツを観察する

c．必要に応じて複数のソースを参照し，調査を行うことで，ビジュアルに付随する情報を確認する

パフォーマンス指標

4. VL を有する学生はビジュアルの情報源の信頼性や正確性について判断する

学習成果

a．ビジュアルソースの信頼性と正確性を，出典の評価，見解やバイアスに基づいて評価する

b．ビジュアルと情報の質の評価に基づいて，ビジュアルソースを判断する

c．ビジュアルソースがどのようにしてビジュアルの新しい文脈を作り，それによってビジュアルの意味を変えているかを批評する

基礎能力⑤

VL を有する学生はビジュアルを効果的に使用する

パフォーマンス指標

1. VL を有する学生は異なる目的のためにビジュアルを効果的に使用する

学習成果

a．プロジェクト内でのビジュアルやビジュアルメディアの戦略的利用の計画を行う

b．プロジェクトの目的に沿って，適切なビジュアルやビジュアルメディアを選択する

c．意味，美的基準，視覚的影響，視聴者を考慮し，目的を持ってビジュアルをプロジェクトに統合する

d．ビジュアルをさまざまな目的（例：イラスト，証拠，視覚的モデル，一次資料，分析の焦点）に使用する

e．分野別および学際的な研究，コミュニケーション，および学習のため

にビジュアルを使用する

パフォーマンス指標

2. VL を有する学生はビジュアルを扱うためにテクノロジーを効果的に使用する

学習成果

a．適切な編集ツール，プレゼンテーションツール，コミュニケーションツール，ストレージツール，メディアツールおよびアプリケーションを使用して，ビジュアルを作成し扱う

b．プロジェクトに必要なビジュアルのファイル形式，サイズ，解像度を判断し，それに応じてビジュアルを変換する

c．品質，レイアウト，表示のためにビジュアルを適切に編集する（例：トリミング，色調，コントラスト）

パフォーマンス指標

3. VL を有する学生は問題解決・創造性・実験を通じて，学術的なプロジェクトにビジュアルを組み込む

学習成果

a．ビジュアルを学術的な作業に統合するさまざまな方法を試す

b．問題を明確にし，解決するために視覚的思考スキルを使用する

パフォーマンス指標

4. VL を有する学生はビジュアルを使いまたビジュアルについて効果的にコミュニケーションをとる

学習成果

a．異なる目的のため，ビジュアルについて明確な記述を行う（例：説明，分析，評価）

b．意味，美的基準，視覚的影響，修辞的影響，および視聴者を考慮して，ビジュアルを効果的に提示する

c．他の人とビジュアルについて批判的に話し合い，アイデアを表現し，意味を伝え，議論を正当化する

d．ビジュアルの意味を伝えるために，必要に応じてテキスト情報を加える（例：キャプションの使用，テキスト内の図の参照，キーワードや説明文の取り入れ）

e．自分自身のビジュアルコミュニケーションとビジュアルの使用の有効

性を振り返る

> 基礎能力⑥
> VL を有する学生は意味のあるビジュアルやビジュアルメディアをデザインし作成する

パフォーマンス指標

1. VL を有する学生は様々なプロジェクトや学術的な用途のためのビジュアルマテリアルを作成する

学習成果

a．コンセプト，物語（ナラティブ），議論を表現し伝えるために，ビジュアルやビジュアルメディアを作成する（コンセプトマップ，プレゼンテーション，ストーリーボード，ポスターなど）

b．データや情報の，正確で適切なグラフィック表現（例：チャート，地図，グラフ，モデル）を構築する

c．明確な視聴者に向けたビジュアルやビジュアルメディアを作成する

d．プロジェクトの全体的な目的に沿ったビジュアルコンテンツを調整する

パフォーマンス指標

2. VL を有する学生はビジュアルやビジュアルメディアの制作において，デザイン戦略と創造性を活用する

学習成果

a．プロジェクトの目標に関連したビジュアルスタイルとデザインを計画する

b．美的観点やデザイン的選択を意図的に使用し，効果的なコミュニケーションを促進し，意図を伝える

c．創造性を用いて，既存のイメージコンテンツを新しいビジュアルプロダクトに組み込む

パフォーマンス指標

3. VL を有する学生は様々なツールや技術を使用しビジュアルやビジュアルメディアを制作する

学習成果

a．画像制作ツールや技術を試す

b．ビジュアル作品の制作に最適なツールや技術を特定する
c．ビジュアルやビジュアルメディアを作成するためのさまざまなツールや技術の習熟を発展させる

パフォーマンス指標

4. VL を有する学生は自ら制作したビジュアルプロダクトを評価する

学習成果

a．プロジェクトの目標に基づいて，個人的に作成したビジュアル作品を評価する
b．個人的に作成したビジュアル作品を，分野別の基準や慣例に基づいて評価する
c．研究，学習，またはコミュニケーションへの有意義な貢献として，個人的に作成したビジュアル作品の役割を検討する
d．他者との対話を通じて，個人的に作成したビジュアル作品を検証する
e．評価に基づいて，個人的に作成したビジュアル作品を訂正する

基礎能力⑦

VL を有する学生はビジュアルやビジュアルメディアの作成と使用を取り巻く倫理的・法的・社会的・経済的な多くの課題を理解し倫理的に視覚資料にアクセスして使用する

パフォーマンス指標

1. VL を有する学生はビジュアルやビジュアルメディアを取り巻く倫理的・法的・社会的・経済的な多くの問題を理解する

学習成果

a．ビジュアルコンテンツに適用される知的財産権，著作権，公正使用の概念や問題に関して知識を身につける
b．ビジュアルの適切な使用を規定する典型的なライセンス規制に関して知識を身につける
c．ビジュアル作成者としての自分自身の知的財産権を認識する
d．ビジュアルの作成，使用，共有に伴うプライバシー，倫理，安全性の問題を把握する
e．画像の検閲をめぐる問題を探求する

パフォーマンス指標

2. VL を有する学生はビジュアルへのアクセス・使用・作成の際に，倫理的および法的な最善方法に従う

学習成果

a．ビジュアルリソースへのアクセスに関する機関（博物館，教育機関など）の方針を確認し，法的および倫理的な最善方法に従う。

b．ビジュアルの複製，改変，異なるフォーマットへの変換，または新しい文脈へとビジュアルが拡散された際に，著作権や使用制限を追跡する

c．個人的に作成したビジュアルを拡散する際に，権利および帰属情報を明記する

パフォーマンス指標

3. VL を有する学生は論文・プレゼンテーションおよびプロジェクトにおいてビジュアルやビジュアルメディアを適切に引用する

学習成果

a．引用やクレジット表記の際にビジュアル作成者の帰属を示し，著作権や著作者の権利を認める

b．他の学者や研究者がビジュアル資料を見つけ確実にアクセスできるように，引用やクレジット表記に出典情報を含める

c．適切な文書スタイルでビジュアル資料を引用する

※カクタス・コミュニケーションズが提供する英文構成・翻訳サービスを使用し日本語訳を行ったものに，作者が文脈に合わせた変更を行ったものである。以下の ACRL の HP から原典を確認することができる。
https://www.ala.org/acrl/standards/visualliteracy （最終閲覧日 2021 年 6 月 30 日）

参考文献

ADDISON, C. & MEYERS, E. 2013. Perspectives on information literacy: A framework for conceptual understanding. *Information Research: An International Electronic Journal*, 18, n 3.

AINSWORTH, S. 2006. DeFT: A conceptual framework for considering learning with multiple representations. *Learning and instruction*, 16, 183–198.

AKÇAYIR, M., DÜNDAR, H. & AKÇAYIR, G. 2016. What makes you a digital native? Is it enough to be born after 1980? *Computers in Human Behavior*, 60, 435–440.

ALA American Library Association, Libraries Respond: Services to LGBTQIA+ People http://www.ala.org/advocacy/diversity/librariesrespond/Services-LGBTQ

ALA American Library Association, Rainbow Round Table Bylaws & Mission Statement http://www.ala.org/rt/rrt/about/bylaws

ALLEN, J. P. 2014. *Middle Egyptian: An Introduction to the Language and Culture of Hieroglyphs*. Cambridge, Cambridge University Press.

AMABILE, T. M. & GITOMER, J. 1984. Children's artistic creativity: Effects of choice in task materials. *Personality and Social Psychology Bulletin*, 10, 209–215.

AMABILE, T. M., HENNESSEY, B. A. & GROSSMAN, B. S. 1986. Social influences on creativity: The effects of contracted-for reward. *Journal of personality and social psychology*, 50, 14.

AMABILE, T. M., HILL, K. G., HENNESSEY, B. A. & TIGHE, E. M. 1994. The Work Preference Inventory: assessing intrinsic and extrinsic motivational orientations. *Journal of personality and social psychology*, 66, 950.

American Association of Physical Anthropologists (AAPA). AAPA State-

ment on Race & Racism. https://physanth.org/about/position-statements/aapa-statement-race-and-racism-2019/

American Generation Fast Facts https://edition.cnn.com/2013/11/06/us/baby-boomer-generation-fast-facts/index.html

American Psychological Association (APA) Dictionary of Psychology. Cognitive science https://dictionary.apa.org/cognitive-science

American Psychological Association Dictionary of Psychology. Working memory https://dictionary.apa.org/working-memory

ANDERS ERICSSON, K., RORING, R. W. & NANDAGOPAL, K. 2007. Giftedness and evidence for reproducibly superior performance: An account based on the expert performance framework. *High ability studies*, 18, 3–56.

APTER, A. J., PAASCHE-ORLOW, M. K., REMILLARD, J. T., BENNETT, I. M., BEN-JOSEPH, E. P., BATISTA, R. M., HYDE, J. & RUDD, R. E. 2008. Numeracy and communication with patients: they are counting on us. *Journal of General Internal Medicine*, 23, 2117–2124.

ARNHEIM, R. 2015. *Visual thinking*. Berkeley: University of California Press.

ASONYE, E. 2013. UNESCO Prediction of the Igbo Language Death: Facts and Fables.

Association of College & Research Libraries. Framework for Information Literacy for Higher Education. 2016. http://www.ala.org/acrl/sites/ala.org.acrl/files/content/issues/infolit/framework1.pdf

Association of College & Research Libraries (ACRL). 2000. Information Literacy Competency Standards for Higher Education. https://alair.ala.org/handle/11213/7668

ATKINSON, R. C. & SHIFFRIN, R. M. 1968. Human memory: A proposed system and its control processes. *Psychology of learning and motivation*, 2, 89–195.

AUSTIN, P. K. & SALLABANK, J. 2011. *The Cambridge Handbook of Endangered Languages*. Cambridge University Press.

AVGERINOU, M. D. 2003. A mad-tea party no-more: Revisiting the visual literacy definition problem. In R. E. Griffin, V. S. Williams, & L. Jung (Eds.). *Turning Trees* (pp. 29–41). Loretto, PA: IVLA.

AVGERINOU, M. D. 2009. Re-Viewing Visual Literacy in the "Bain d' Imag-

es" Era. *Tech Trends*, 53, 28–34.

AVGERINOU, M. & ERICSON, J. 1997. A review of the concept of visual literacy. *British Journal of Educational Technology*, 28, 280–291.

AVGERINOU, M. D. & PETTERSSON, R. 2011. Toward a cohesive theory of visual literacy. *Journal of visual literacy*, 30, 1–19.

AYRES, P. 2006. Using subjective measures to detect variations of intrinsic cognitive load within problems. *Learning and instruction*, 16, 389–400.

BADDELEY, A. D. 1966. The Influence of Acoustic and Semantic Similarity on Long-term Memory for Word Sequences. *Quarterly Journal of Experimental Psychology*, 18, 302–309.

BADDELEY, A. D. & HITCH, G. 1974. Working Memory. In: BOWER, G. H. (Ed.). *Psychology of Learning and Motivation*. Academic Press.

BAER, J. (2010). Is creativity domain specific? In J. C. Kaufman & R. J. Sternberg (Eds.). *Cambridge handbook of creativity* (pp. 321–341). Cambridge: Cambridge University Press.

BAWDEN, D. & ROBINSON, L. 2013. *Introduction to information science*. Chicago: Neal-Schuman.

BEATTY, N. A. 2013. Cognitive visual literacy: From theories and competencies to pedagogy. *Art Documentation: Journal of the Art Libraries Society of North America*, 32, 33–42.

BEGHETTO, R. A. 2005. Does assessment kill student creativity? *The educational forum*, 69, 254–263.

BEGHETTO, R. A. 2006. Creative self-efficacy: Correlates in middle and secondary students. *Creativity Research Journal*, 18, 447–457.

BEGHETTO, R. A. & KAUFMAN, J. C. 2007. Toward a broader conception of creativity: A case for "mini-c" creativity. *Psychology of Aesthetics, Creativity, and the Arts*, 1, 73.

BEGHETTO, R. A., & PLUCKER, J. A. 2006. The relationship among schooling, learning, and creativity: "All roads lead to creativity" or "You can't get there from here?" In J. C. Kaufman & J. Bear (Eds.). Creativity and Reason in Cognitive Development (pp. 316–332). Cambridge, NY: Cambridge University Press.

BLOOM, B. S. 1985. *Developing Talent in Young People*. New York, Ballantine Books.

BOBIS, J., SWELLER, J. & COOPER, M. 1993. Cognitive load effects in a

primary-school geometry task. *Learning and Instruction*, 3, 1–21.

BOCHI, P. A. 1994. Images of Time in Ancient Egyptian Art. *Journal of the American Research Center in Egypt*, 31, 55–62.

BOWEN, G. M. & ROTH, W.-M. 2002. Why students may not learn to interpret scientific inscriptions. *Research in Science Education*, 32, 303–327.

BRADEN, R. A. 1993. *Twenty-Five Years of Visual Literacy Research*, pp. 1–14.

BRATSLAVSKY, L., WRIGHT, A., KRITSELIS, A. & LUFTIG, D. 2019. The strategically ambiguous assignment: an approach to promoting critical and creative thinking in visual communication. *Journal of Visual Literacy*, 38, 285–304.

BROWN, N. E., BUSSERT, K., HATTWIG, D. & MEDAILLE, A. 2016. *Visual literacy for libraries: a practical, standards-based guide*. London, Facet Publishing.

BROWN, M., & CARRABINE, E. (Eds.). 2017. *Routledge International Handbook of Visual Criminology* (1st ed.). Routledge.

BRUMBERGER, E. 2019. Past, present, future: Mapping the research in visual literacy. *Journal of Visual Literacy*, 38, 165–180.

BYNUM, W. F., PORTER, R., MESSENGER, S. & OVERY, C. 2005. *Oxford dictionary of scientific quotations*. Oxford: Oxford University Press.

CANHAM, M. & HEGARTY, M. 2010. Effects of knowledge and display design on comprehension of complex graphics. *Learning and instruction*, 20, 155–166.

Centers for Disease Control and Prevention (CDC). Health Literacy Basics https://www.cdc.gov/healthliteracy/learn/index.html

CHANDLER, P. & SWELLER, J. 1991. Cognitive Load Theory and the Format of Instruction. *Cognition and Instruction*, 8, 293–332.

CHASE, W. G. & SIMON, H. A. 1973. Perception in chess. *Cognitive psychology*, 4, 55–81.

CHEN, E. H.-L. 2004. A review of learning theories from visual literacy. *Journal of Educational Computing, Design & Online Learning*, 5, 1–8.

CHUA, A. Y. & YANG, C. C. 2008. The shift towards multi - disciplinarity in information science. *Journal of the American Society for Information Science and Technology*, 59, 2156–2170.

CLANCHY, M. T. 1979. *From Memory to Written Record in England,*

1066–1307. Harvard University Press.

CLANCHY, M. 2018. *Looking back from the invention of printing: mothers and the teaching of reading in the middle ages*. Brepols.

CLARK, R. L. 1978. Media, mental imagery, and memory. *Educational Communication and Technology*, 26, 355–363.

CLARK, J. M. & PAIVIO, A. 1991. Dual coding theory and education. *Educational psychology review*, 3, 149–210.

COHEN, L. M. 1989. A continuum of adaptive creative behaviors. *Creativity Research Journal*, 2, 169–183.

COWAN, N. 2008. Chapter 20 What are the differences between long-term, short-term, and working memory? In: W. S. SOSSIN, J.-C. LACAILLE, V. F. CASTELLUCCI, & S. BELLEVILLE (Eds.). *Progress in Brain Research*. Elsevier.

CRICK, F. 1995. *The astonishing hypothesis: the scientific search for the soul*. New York, Simon & Schuster.

CSIKSZENTMIHALYI, M. 1997. *Creativity : flow and the psychology of discovery and invention*. New York : Harper Perennial.

CUBAN, L. 1986. *Teachers and Machines: The Classroom Use of Technology since 1920*. New York, Teachers College.

DANCYGIER, B. & VANDELANOTTE, L. 2017. Internet memes as multimodal constructions. *Cognitive Linguistics*, 28, 565–598.

DAVIS, R. T. 1939. *The art museum and the secondary school*, Buffalo, N.Y.: Albright Art Gallery.

DAWKINS, R. 1989. *The Selfish Gene* (2 ed.). Oxford University Press.

DEBES, J. L. 1969a. The loom of visual literacy: An overview. *Audiovisual Instruction*, 14, 25–27.

DEBES, J. L. 1969b. Some Hows and Whys of Visual Literacy. *Educational Screen and Audiovisual Guide*, 48, 14–15/34.

DE JONG, T. 2010. Cognitive load theory, educational research, and instructional design: some food for thought. *Instructional science*, 38, 105–134.

DIAMOND, A. 2013. Executive functions. *Annual review of psychology*, 64, 135–168.

Dondis, D. A. 1970. Design in Communication. In Proceedings of the first national conference on visual literacy (pp. 36–41). New York: Pitman.

DONDIS, D. A. 1973. *A primer for visual literacy*, Cambridge, Mass.; Lon-

don, M.I.T. Press.

DWYER, F. M. 1970. Exploratory studies in the effectiveness of visual illustrations. *A V Communication Review*, 18, 235–249.

DWYER, F. M. 1971. Color as an instructional variable. *A V Communication Review*, 19, 399–416.

EICHLER, K., WIESER, S. & BRÜGGER, U. 2009. The costs of limited health literacy: a systematic review. *International journal of public health*, 54, 313–324.

EISENBERG, M. B. 2008. Information literacy: Essential skills for the information age. *DESIDOC journal of library & information technology*, 28, 39.

EISENSTEIN, E. L. 1980. *The Printing Press as an Agent of Change*. Cambridge, Cambridge University Press.

ELSE, H. 2020. How a torrent of COVID science changed research publishing: in seven charts. https://www.nature.com/articles/d41586-020-03564-y

EPSTEIN, R., SCHMIDT, S. M. & WARFEL, R. 2008. Measuring and training creativity competencies: Validation of a new test. *Creativity Research Journal*, 20, 7–12.

ERICSSON, K. A. & KINTSCH, W. 1995. Long-term working memory. *Psychological Review*, 102, 211.

ERMAN, A. & BLACKMAN, A. M. 2005. *Ancient Egyptian Literature: A Collection of Poems, Narratives and Manuals of Instructions from the Third and Second Millennia BC*. Translated by Aylward M. Blackman. Kegan Paul.

EVERDELL, W. R. 1997. *The first moderns : profiles in the origins of twentieth-century thought*. Chicago, University of Chicago Press.

FADEL, C., TRILLING, B. & BIALIK, M. 2015. *Four-dimensional Education*. Center for Curriculum Redesign.

FECHER, B. & FRIESIKE, S. 2014. Open science: one term, five schools of thought. *Opening science*, 17–47.

FELTEN, P. 2008. Visual literacy. *Change: The magazine of higher learning*, 40, 60–64.

FINDLAY, C. S. & LUMSDEN, C. J. 1988. The creative mind: Toward an evolutionary theory of discovery and innovation. *Journal of Social and*

Biological Structures, 11, 3–55.

FINKE, R. A., WARD, T. B. & SMITH, S. M. 1992. *Creative Cognition: Theory, Research, and Applications*. Cambridge, MA: MIT press.

FINNEGAN, R. H. 1988. *Literacy and orality: studies in the technology of communication*, Oxford, UK; New York, NY, USA, Blackwell.

FISCHER-ELFERT, H-W. 2003. Representations of the Past in the New Kingdom Literature. In J. W. Tait (Ed.). *'Never Had the Like Occurred': Egypt's View of Its Past*. London: University College London, Institute of Archaeology, an imprint of Cavendish Publishing Limited. pp. 119–138.

FLANAGIN, A., FONTANAROSA, P. B. & BAUCHNER, H. 2020. Preprints Involving Medical Research: Do the Benefits Outweigh the Challenges? *Jama*, 324, 1840–1843.

FORMAN, W. & QUIRKE, S. 1996. *Hieroglyphs and the afterlife in ancient Egypt*. London, British Museum Press.

FOSTER Plus What is Open Science? Introduction https://www.fosteropenscience.eu/content/what-open-science-introduction

FRANSECKY, R. B. 1969. Visual Literacy and Teaching the Disadvantaged. *Audiovisual Instruction*, 28–31, 117–118.

FRANSECKY, R. B. & DEBES, J. L. 1972. Visual literacy: a way to learn - a way to teach, Nuclear Safety Campaign.

GARDNER, H. 1993. *Creating minds : an anatomy of creativity seen through the lives of Freud, Einstein, Picasso, Stravinsky, Eliot, Graham, and Gandhi*, New York, Basic Books.

GEAHIGAN, G. 1999. Description in art criticism and art education. *Studies in Art Education*, 40, 213–225.

GEE, J. 2000. Identity as an analytic lens for research in education. *Review of Research in Education*, 25, 99–125.

GLAVEANU, V. P., KAUFMAN, J. C., BAER, J. & CAMBRIDGE UNIVERSITY, P. 2017. *The Cambridge handbook of creativity across domains*, New York, Cambridge University Press.

GOFFMAN, E. 石黒毅（訳）1974. 行為と演技—日常生活における自己呈示（ゴッフマンの社会学 1）誠信書房

GOFFMAN, E. 石黒毅（訳）2001. スティグマの社会学—烙印を押されたアイデンティティ，改訂．せりか書房

GOLDSCHMIDT, G. 1991. The dialectics of sketching. *Creativity research journal*, 4, 123–143.

GOLDSCHMIDT, G. 1994. On visual design thinking: the vis kids of architecture. *Design studies*, 15, 158–174.

GOLDSCHMIDT, G. 2003. The backtalk of self-generated sketches. *Design issues*, 19, 72–88.

GOLDWASSER, O. 2010. How the alphabet was born from hieroglyphs. *Biblical Archaeology Review*, 36, 40–53.

GOODY, J. & WATT, I. 1963. The Consequences of Literacy. *Comparative Studies in Society and History*, 5, 304–345.

GRAFF, H. J. 1987. *The legacies of literacy: continuities and contradictions in Western culture and society*. Bloomington (Ind.): Indiana university press.

GRAFF, H. J. & DUFFY, J. 2016. Literacy Myths. In B. V. STREET, & S. MAY (Eds.). *Literacies and Language Education*. Cham: Springer International Publishing.

GRAFTON, A. T. 1980. The Importance of Being Printed. *The Journal of Interdisciplinary History*, 11, 265–286.

GUILFORD, J. 1950. Creativity. *American psychology*, 5, 444–454.

原木万紀子 2018. 芸術と情報のあいだ：情報を描写するインフォグラフィックの素描　勁草書房

HARRIS, W. V. 1989. *Ancient Literacy*. Harvard University Press.

HATTWIG, D., BUSSERT, K., MEDAILLE, A. & BURGESS, J. 2013. Visual Literacy Standards in Higher Education: New Opportunities for Libraries and Student Learning. *portal: Libraries and the Academy*, 13, 61–89.

HAVELOCK, E. A. 1976. Origins of western literacy: four lectures delivered at the Ontario Institute for Studies in Education, Toronto, March 25, 26, 27, 28, 1974, Toronto, Ontario Institute for Studies in Education.

HAVELOCK, E. A. 2019. *The Literate Revolution in Greece and its Cultural Consequences*. Princeton University Press.

HAVELOCK, E. A., HAVELOCK, L. & PROQUEST 1963. *Preface to Plato*. Harvard University Press.

HAYES, J. R. 1989. *The complete problem solver*. London, Erlbaum.

HEATH, S. B. 1980. The Functions and Uses of Literacy. *Journal of Communication*, 30, 123–133.

HEATH, S. B. 2009. *Ways with words: language, life, and work in communities and classrooms*. Cambridge: Cambridge University Press

HEGENBARTH-REICHARDT, I. & ALTMANN, G. 2008. On the decrease of complexity from hieroglyphs to hieratic symbols. In *Analyses of Script: Properties of Characters and Writing Systems*, edited by Gabriel Altmann and Fan Fengxiang, Berlin, New York: De Gruyter Mouton, pp. 105–114.

HEIDI, E. H. 2013. Subversive Memes: Internet Memes as a Form of Visual Rhetoric. *AoIR Selected Papers of Internet Research*, 3.

HOKANSON, B. 2019. Creativity and the Development of New Ideas: The Generative Potential of Visual Literacy. In D. M. Baylen (Ed.). *Dreams and inspirations: The book of selected readings 2018*. Carrollton, GA: International Visual Literacy Association.

HOUGHTON, H. A. & WILLOWS, D. M. 1987. *The Psychology of Illustration: Basic research*. Springer-Verlag.

HURT, J. A. 1987. Assessing functional effectiveness of pictorial representations used in text. *ECTJ*, 35, 85–94.

International Visual Literacy Association HP https://visualliteracytoday.org/

JANSE, M. & TOL, S. 2003. *Language Death and Language Maintenance: Theoretical, practical and descriptive approaches*. John Benjamins.

JENSEN, T. 2006. The Muhammad Cartoon Crisis.: The Tip of an Iceberg. *Japanese Religions*, 31, 173–185.

JEWITT, C. 2008. Multimodality and literacy in school classrooms. *Review of research in education*, 32, 241–267.

JUNG, R. E. 2014. Evolution, creativity, intelligence, and madness: "Here Be Dragons". *Frontiers in Psychology*, 5, 784.

JUST, M. A. & CARPENTER, P. A. 1992. A capacity theory of comprehension: individual differences in working memory. *Psychological review*, 99, 122.

KAESTLE, C. F. 1985. The History of Literacy and the History of Readers. *Review of Research in Education*, 12, 11–53.

KALYUGA, S. 2000. When using sound with a text or picture is not beneficial for learning. *Australasian Journal of Educational Technology*, 16 (2), 161–172.

KALYUGA, S., CHANDLER, P. & SWELLER, J. 1998. Levels of expertise and instructional design. *Human factors*, 40, 1–17.

KAUFMAN, J. C. 2001a. Genius, lunatics, and poets: Mental illness in prize-winning authors. *Imagination, Cognition and Personality*, 20, 305–314.

KAUFMAN, J. C. 2001b. The Sylvia Plath effect: Mental illness in eminent creative writers. *The Journal of Creative Behavior*, 35, 37–50.

KAUFMAN, J. C. 2014. *Creativity and mental illness*. Cambridge : Cambridge University Press.

KAUFMAN, J. C. & BAER, J. 2002. I bask in dreams of suicide: Mental illness, poetry, and women. *Review of general psychology*, 6, 271–286.

KAUFMAN, J. C. & BEGHETTO, R. A. 2009. Beyond big and little: The four c model of creativity. *Review of general psychology*, 13, 1–12.

KĘDRA, J. 2018. What does it mean to be visually literate? Examination of visual literacy definitions in a context of higher education. *Journal of Visual Literacy*, 37, 67–84.

KEMPE, D., KLEINBERG, J. & TARDOS, É. 2003. Maximizing the spread of influence through a social network. *Proceedings of the ninth ACM SIGKDD international conference on Knowledge discovery and data mining*. Washington, D.C.: Association for Computing Machinery.

KIM, K. H. 2005. Can Only Intelligent People Be Creative? A Meta-Analysis. *Journal of Advanced Academics*, 16, 57–66.

KIRSCHNER, P. A. & DE BRUYCKERE, P. 2017. The myths of the digital native and the multitasker. *Teaching and Teacher Education*, 67, 135–142.

KLEIN, S. B. & NICHOLS, S. 2012. Memory and the sense of personal identity. *Mind*, 121, 677–702.

Know Your Meme https://knowyourmeme.com/

国立情報学研究所 オープンサイエンス基盤研究センター https://rcos.nii.ac.jp/openscience/

国立国会図書館「日本十進分類法（NDC）新訂 10 版」分類基準 https://www.ndl.go.jp/jp/data/NDC10code202006.pdf

KREBS, R. E. & KREBS, C. A. 2003. *Groundbreaking Scientific Experiments, Inventions, and Discoveries of the Ancient World*. Greenwood Press.

KUDROWITZ, B. & DIPPO, C. 2013. When does a paper clip become a sundial? Exploring the progression of originality in the alternative uses test. *Journal of Integrated Design and Process Science*, 17, 3–18.

KUSHEL, M. B., PERRY, S., BANGSBERG, D., CLARK, R. & MOSS, A. R. 2002. Emergency department use among the homeless and marginally housed: results from a community-based study. *American journal of public health*, 92, 778–784.

LANIER, V. 1966a. Newer media and the teaching of art. *Art Education*, 19, 5–8.

LANIER, V. 1966b. THE USES OF NEWER MEDIA IN ART EDUCATION PROJECT.

LARSSON, G. 2016. *Muslims and the new media: historical and contemporary debates*. London/New York: Routledge.

LEAHY, W., CHANDLER, P. & SWELLER, J. 2003. When auditory presentations should and should not be a component of multimedia instruction. *Applied Cognitive Psychology: The Official Journal of the Society for Applied Research in Memory and Cognition*, 17, 401–418.

LEU, D. J., KINZER, C. K., COIRO, J. L. & CAMMACK, D. W. 2004. Toward a theory of new literacies emerging from the Internet and other information and communication technologies. *Theoretical models and processes of reading*, 5, 1570–1613.

LEVIE, W. H. & LENTZ, R. 1982. Effects of text illustrations: A review of research. *ECTJ*, 30, 195–232.

LEVINE, K. 2018. *Routledge Revivals: The Social Context of Literacy (1986)*. Taylor & Francis.

LEWIS, C. & DEL VALLE, A. 2009. Literacy and identity. In L. Christenbury, R. Bomer, & P. Smagorinsky（Eds.）. *Handbook of adolescent literacy research*, pp. 307–322.

LITTLE, D., FELTEN, P. & BERRY, C. 2010. Liberal education in a visual world. *Liberal Education*, 96, 44–49.

LITTLE, D., FELTEN, P. & BERRY, C. 2015. *Looking and Learning: Visual Literacy Across the Disciplines: New Directions for Teaching and Learning, Number 141*. John Wiley & Sons.

LOFTUS, G. R. & BELL, S. M. 1975. Two types of information in picture memory. *Journal of Experimental Psychology: Human Learning and*

Memory, 1, 103.

LÓPEZ, N., VARGAS, E., JUAREZ, M., CACARI-STONE, L. & BETTEZ, S. 2018. What's your "street race"? Leveraging multidimensional measures of race and intersectionality for examining physical and mental health status among Latinxs. *Sociology of Race and Ethnicity*, 4, 49–66.

LOWE, R. 2004. Interrogation of a dynamic visualization during learning. *Learning and instruction*, 14, 257–274.

LOWE, R. K. 1993. Constructing a mental representation from an abstract technical diagram. *Learning and instruction*, 3, 157–179.

LOWE, R. K. 1994. Selectivity in diagrams: Reading beyond the lines. *Educational Psychology*, 14, 467–491.

LOWE, R. K. 1996. Background knowledge and the construction of a situational representation from a diagram. *European journal of Psychology of Education*, 11, 377–397.

LURIE, D. B. 2011. *Realms of Literacy: Early Japan and the History of Writing*. Harvard University Asia Center.

MARCUM, J. W. 2002. Rethinking information literacy. *The library quarterly*, 72, 1–26.

MATUSIAK, K. K. 2020. Studying visual literacy: Research methods and the use of visual evidence. *IFLA Journal*, 46, 172–181.

MAYER, J. 2014. Visual literacy across the disciplines. University of Wyoming. Libraries. https://mountainscholar.org/bitstream/handle/20.500.11919/1525/FACW_LIBR_2014_1442232757_Mayer_Jennifer.pdf?sequence=1

MAYER, R. E. 1997. Multimedia learning: Are we asking the right questions? *Educational psychologist*, 32, 1–19.

MAYER, R. E. 2002. Multimedia learning. *Psychology of learning and motivation*, 41, 85–139.

MAYER, R. E. & CHANDLER, P. 2001. When learning is just a click away: Does simple user interaction foster deeper understanding of multimedia messages? *Journal of Educational Psychology*, 93, 390–397.

MAYER, R. E. & MORENO, R. 2003. Nine ways to reduce cognitive load in multimedia learning. *Educational psychologist*, 38, 43–52.

MCADAMS, D. P. 1997. *The stories we live by: personal myths and the making of the self*. New York, Guilford Press.

MCCARTHEY, S. J. 2001. Identity Construction in Elementary Readers and Writers. *Reading Research Quarterly*, 36, 122–151.

MCCARTHEY, S. J. 2002. *Students' identities and literacy learning*, Psychology Press.

MCLUHAN, M. 1955. Communication and communication arts: A historical approach to the media. *Teachers College Record*, 57(2), 104–110.

MCLUHAN, M. & FIORE, Q. 1967. *The medium is the message*. New York; London; Toronto: Bantam Books.

MCTIGUE, E. M. & FLOWERS, A. C. 2011. Science visual literacy: Learners' perceptions and knowledge of diagrams. *The Reading Teacher*, 64, 578–589.

MDG MONITOR: MDG 2: –Achieve universal primary education https://www.mdgmonitor.org/mdg-2–achieve-universal-primary-education/

MIKSA, F. L. 1992. Library and information science: two paradigms. In P. Vakkari & B. Cronin (Eds.). *Conceptions of Library and Information Science: Historical, Empirical and Theoretical Perspectives*. Proceedings of the International Conference held for the Celebration of the 20th Anniversary of the Department of Information Studies, University of Tampere, Finland, 26–28 August 1991. (London: Taylor Graham), pp. 229–252.

MILBOURN, A. 2013. A big picture approach: Using embedded librarianship to proactively address the need for visual literacy instruction in higher education. *Art Documentation: Journal of the Art Libraries Society of North America*, 32, 274–283.

MILBURN, K. 2019. *Generation Left*. Polity.

MILLER, G. A. 1994. The magical number seven, plus or minus two: Some limits on our capacity for processing information. *Psychological review*, 101, 343.

MOJE, E. B., LUKE, A., DAVIES, B. & STREET, B. 2009. Literacy and Identity: Examining the Metaphors in History and Contemporary Research. *Reading Research Quarterly*, 44, 415–437.

文部科学省　司書について　https://www.mext.go.jp/a_menu/shougai/gakugei/shisyo/#03

MOORE, D. M. & DWYER, F. M. 1994. *Visual literacy: a spectrum of visual learning*. Englewood Cliffs, NJ, Educational Technology Publications.

MOUSAVI, S. Y., LOW, R. & SWELLER, J. 1995. Reducing cognitive load by mixing auditory and visual presentation modes. *Journal of educational psychology*, 87, 319.

MYLES-WORSLEY, M., JOHNSTON, W. A. & SIMONS, M. A. 1988. The influence of expertise on X-ray image processing. *Journal of Experimental Psychology: Learning, Memory, and Cognition*, 14, 553.

中島義明・井上雅勝 1993. 映像の心理学：実践場面における映像の効果 大阪大学人間科学部紀要，1-26.

News on Millennium Development Goals https://www.un.org/millenniumgoals/

NIU, W. & STERNBERG, R. J. 2006. The philosophical roots of Western and Eastern conceptions of creativity. *Journal of Theoretical and Philosophical Psychology*, 26, 18.

NORTON, B. & TOOHEY, K. 2011. Identity, language learning, and social change. *Language teaching*, 44, 412-446.

小田光. 2016. ACRL 高等教育のための情報リテラシーの「枠組み」：白熱する議論に向けて. カレントアウェアネス，24-27.

Office of Disease Prevention and health Promotion, Health Literacy in Healthy People 2030 https://health.gov/our-work/healthy-people/healthy-people-2030/health-literacy-healthy-people-2030

OLSON, D. R. 1977. From utterance to text: The bias of language in speech and writing. *Harvard Educational Review*, 47, 257-281.

OLSON, D. R. 1994. *The world on paper: The conceptual and cognitive implications of writing and reading*. New York, NY, US, Cambridge University Press.

OLSON, D. R. & TORRANCE, N. 2009. *The Cambridge Handbook of Literacy*. Cambridge University Press.

ONG, W. J. 2013. *Orality and Literacy*. Taylor & Francis.

Oxford Reference: "Literacy" Quick reference https://www.oxfordreference.com/view/10.1093/oi/authority.20111114202329992#:~:text=1.,also%20includes%20basic%20arithmetical%20competence.&text=Functional%20literacy%3A%20a%20level%20of,for%20daily%20life%20and%20work

PAAS, F. G. & VAN MERRIËNBOER, J. J. 1993. The efficiency of instructional conditions: An approach to combine mental effort and perfor-

mance measures. *Human factors*, 35, 737–743.

PAAS, F. G. & VAN MERRIËNBOER, J. J. 1994. Variability of worked examples and transfer of geometrical problem-solving skills: A cognitive-load approach. *Journal of educational psychology*, 86, 122.

PAIVIO, A. 1965. Abstractness, imagery, and meaningfulness in paired-associate learning. *Journal of Verbal Learning and Verbal Behavior*, 4, 32–38.

PAIVIO, A. 1968. A factor-analytic study of word attributes and verbal learning. *Journal of verbal learning and verbal behavior*, 7, 41–49.

PAIVIO, A. 1971. *Imagery and verbal processes*. New York, Holt, Rinehart and Winston.

PAIVIO, A. 1986. *Mental representations: a dual coding approach*. New York, Oxford University Press.

PAIVIO, A. & BEGG, I. 1971a. Imagery and associative overlap in short-term memory. *Journal of Experimental Psychology*, 89, 40.

PAIVIO, A. & BEGG, I. 1971b. Imagery and comprehension latencies as a function of sentence concreteness and structure. *Perception & Psychophysics*, 10, 408–412.

PAIVIO, A. & CSAPO, K. 1969. Concrete image and verbal memory codes. *Journal of Experimental psychology*, 80, 279.

PAIVIO, A., YUILLE, J. C. & SMYTHE, P. C. 1966. Stimulus and response abstractness, imagery, and meaningfulness, and reported mediators in paired-associate learning. *Canadian Journal of Psychology/Revue canadienne de psychologie*, 20, 362.

PAUWELS, L. 2005. A Theoretical Framework for Assessing Visual Representational Practices in Knowledge Building and Science Communications. In L. PAUWELS (Ed.). *Visual Culture of Science: Rethinking Representational Practices in Knowledge Building and Science Communications* (pp. 1–25). Hanover, New Hampshire: University Press of New England.

PAUWELS, L. (Ed.). 2005. *Visual Culture of Science: Rethinking Representational Practices in Knowledge Building and Science Communications*. Hanover, New Hampshire: University Press of New England.

PEECK, J. 1974. Retention of pictorial and verbal content of a text with illustrations. *Journal of Educational Psychology*, 66, 880.

PEÑA ALONSO, E. J. 2018. *Visualizing visual literacy*. University of British Columbia.

PETERSSON, R. 2015. *Information design 3: Image design*. Revised edition. Tullinge: Institute for Infology.

PETTERSSON, R. 2018. *Information design 3: Image design*. Tullinge: Institute for Infology. https://www.iiid.net/PublicLibrary/Pettersson-Rune-ID3-Image-Design.pdf

PLUCKER, J. A., BEGHETTO, R. A. & DOW, G. T. 2004. Why isn't creativity more important to educational psychologists? Potentials, pitfalls, and future directions in creativity research. *Educational psychologist*, 39, 83–96.

POLIS, S. 2018. The Functions and Toposyntax of Ancient Egyptian Hieroglyphs: Exploring the Iconicity and Spatiality of Pictorial Graphemes. *Signata*, 9, 291–363.

Presidential Committee on Information Literacy: Final Report http://www.ala.org/acrl/publications/whitepapers/presidential

REDFORD, D. B. 1992. *Egypt, Canaan, and Israel in Ancient Times*, Princeton University Press.

RICE, M. 2003. *Egypt's Making: The Origins of Ancient Egypt, 5000–2000 BC*. Routledge.

ROBINS, G. & FOWLER, A. S. 1994. *Proportion and Style in Ancient Egyptian Art*. University of Texas Press.

ROBINSON, A. 2012. *Cracking the Egyptian Code: The Revolutionary Life of Jean-Francois Champollion*. Oxford University Press.

RUNCO, M. A. 1996. Personal creativity: Definition and developmental issues. *New Directions for Child and Adolescent Development*, 1996(72), 3–30.

RUNCO, M. A. 2004. Everyone has creative potential. In R. J. Sternberg, E. L. Grigorenko, & J. L. Singer (Eds.). *Creativity: From potential to realization*. (pp. 21–30). Washington, DC: American Psychological Association.

SAMPLE, A. 2020. Historical development of definitions of information literacy: A literature review of selected resources. *The Journal of Academic Librarianship*, 46, 102–116.

Sanders Schools McCain on Public Healthcare https://www.thenation.com/

article/archive/sanders-schools-mccain-public-healthcare/

SARACEVIC, T. 1992. Information science: origin, evolution and relations. In P. Vakkari & B. Cronin (Eds.). *Conceptions of library and information science. Historical, empirical and theoretical perspectives* (pp. 5–27). London: Taylor Graham.

SAWYER, R. K. 2012. *Explaining creativity the science of human innovation,* Oxford, Oxford University Press.

SCHNOTZ, W. & KÜRSCHNER, C. 2007. A reconsideration of cognitive load theory. *Educational psychology review*, 19, 469–508.

SCHOEN, M. J. 2014. Teaching visual literacy skills in a one-shot session. *Visual Resources Association Bulletin*, 41, 1–12.

SECRETARY-GENERAL STRESSES NEED FOR POLITICAL WILL AND RESOURCES TO MEET CHALLENGE OF FIGHT AGAINST ILLITERACY, 4 September 1997 https://www.un.org/press/en/1997/19970904.SGSM6316.html#:~:text=Literacy%20is%20a%20bridge%20from,%2C%20dams%2C%20clinics%20and%20factories

SFARD, A. & PRUSAK, A. 2005. Telling Identities: In Search of an Analytic Tool for Investigating Learning as a Culturally Shaped Activity. *Educational Researcher*, 34, 14–22.

SKULMOWSKI, A. & REY, G. D. 2017. Measuring cognitive load in embodied learning settings. *Frontiers in psychology*, 8, 1191.

Science, Technology, Engineering, and Math, including Computer Science, U.S. Department of Education. https://www.ed.gov/stem

瀬戸口誠 2019. 『高等教育のための情報リテラシーの枠組み』の意義と課題 図書館界，71, 36–45.

SHIVERS, J., LEVENSON, C. & TAN, M. 2017. Visual Literacy, Creativity and the Teaching of Argument. *Learning disabilities: a contemporary journal*, 15, 67–84.

SINATRA, R. 1986. *Visual Literacy Connections to Thinking, Reading and Writing*. Charles C. Thomas Publisher.

"STEM Education in Southwestern Pennsylvania" (PDF). The Intermediate Unit 1 Center for STEM Education. https://www.cmu.edu/gelfand/documents/stem-survey-report-cmu-iu1.pdf

ST CLAIR, R. & SANDLIN, J. A. 2004. Incompetence and intrusion: On the metaphorical use of illiteracy in US political discourse. *Adult Basic Ed-*

ucation, 14, 45.

STEM for All, The WHITE HOUSE President Barack Obama. https://obamawhitehouse.archives.gov/blog/2016/02/11/stem-all

STREET, B. V. 1995. *Social literacies: critical approaches to literacy development, ethnography, and education*. London, Longman.

STREET, B. V., STREET, B. B., BURKE, P. & FINNEGAN, R. 1984. *Literacy in Theory and Practice*. Cambridge University Press.

SWELLER, J. 1976. The effect of task complexity and sequence on rule learning and problem solving. *British journal of Psychology*, 67, 553-558.

SWELLER, J. 1988. Cognitive load during problem solving: Effects on learning. *Cognitive science*, 12, 257-285.

SWELLER, J. 2005. Implications of Cognitive Load Theory for Multimedia Learning. In R. E. Mayer (Ed.). *The Cambridge handbook of multimedia learning* (pp. 19-30). New York: Cambridge University Press.

SWELLER, J., AYRES, P. L., KALYUGA, S. & CHANDLER, P. 2003. The expertise reversal effect. *Educational Psychologist*, 38, 23-31.

SWELLER, J. & CHANDLER, P. 1994. Why some material is difficult to learn. *Cognition and instruction*, 12, 185-233.

SWELLER, J., CHANDLER, P., TIERNEY, P. & COOPER, M. 1990. Cognitive load as a factor in the structuring of technical material. *Journal of experimental psychology: general*, 119, 176.

SWELLER, J., VAN MERRIENBOER, J. J. G. & PAAS, F. G. W. C. 1998. Cognitive Architecture and Instructional Design. *Educational Psychology Review*, 10, 251-296.

TE VELDE, H. 1985. Egyptian hieroglyphs as signs, symbols and gods. In H. G. Kippenberg and others (Eds.). *Approaches to iconology*. Leiden: E.J. Brill. pp. 63-72.

The Distracted Boyfriend Was Onto Something https://slate.com/technology/2018/03/memes-are-object-labeled-now.html

"The Prague Declaration - 'Toward an Information Literate Society'" (PDF). Information Literacy Meeting of Experts. September 2003. http://www.unesco.org/new/fileadmin/MULTIMEDIA/HQ/CI/CI/pdf/PragueDeclaration.pdf

The Story Behind The Stock Photo That Launched A Thousand Jokes

https://www.huffpost.com/entry/distracted-boyfriend-disloyal-man-wandering-eyes-meme_n_59a05626e4b05710aa5bf381

THOMPSON, D. S. & BEENE, S. 2020. Uniting the field: using the ACRL Visual Literacy Competency Standards to move beyond the definition problem of visual literacy. *Journal of Visual Literacy*, 39, 73–89.

TINDALL-FORD, S., CHANDLER, P. & SWELLER, J. 1997. When two sensory modes are better than one. *Journal of experimental psychology: Applied*, 3, 257.

TORRANCE, E. P. 1998. *Torrance tests of creative thinking : norms-technical manual, figural (streamlined), forms A & B*. Bensenville, Illinois, Scholastic Testing Service.

TOWSE, J. N., HITCH, G. J. & HUTTON, U. 2000. On the interpretation of working memory span in adults. *Memory & Cognition*, 28, 341–348.

TREFFERT, D. A. 2014. Savant syndrome: Realities, myths and misconceptions. *Journal of Autism and Developmental Disorders*, 44, 564–571.

TRUMBO, J. 2005. Making science visible: Visual literacy in science communication. In: PAUWELS, L.（ed.）*Visual Culture of Science: Rethinking Representational Practices in Knowledge Building and Science Communications*（pp. 266–283）. Hanover, New Hampshire, University Press of New England.

TUFTE, E. R. 1997. *Visual explanations : images and quantities, evidence and narrative*. Graphics Press.

TUFTE, E. R. 2006. *Beautiful evidence*. Graphics Press.

UNESCO 2021. "人種主義に反対するユネスコ（国連教育科学文化機関）人種主義、人種差別、外国人排斥および関連のある不寛容に反対する世界会議". UNESCO（国連教育科学文化機関）. https://www.hurights.or.jp/archives/durban2001/pdf/against-racism-unesco.pdf

VYGOTSKY, L. S. 2004. Imagination and creativity in childhood. *Journal of Russian & East European Psychology*, 42, 7–97.

WALKER, C. & CHADWICK, J. 1990. *Reading the past: Ancient writing from cuneiform to the alphabet*. University of California Press.

WALPOLE, S. 1998. Changing texts, changing thinking: Comprehension demands of new science textbooks. *The Reading Teacher*, 52, 358–369.

WATTS, E. W., ART, M. M. O., GIRSH, B., METROPOLITAN MUSEUM OF ART. NEW YORK, N. & STAFF, M. M. O. A. 1998. *Art of Ancient*

Egypt: A Resource for Educators, Metropolitan Museum of Art.

WAUGH, N. C. & NORMAN, D. A. 1965. Primary memory. *Psychological review*, 72, 89.

WENTE, E. F. & MELTZER, E. S. 1990. *Letters from ancient Egypt*. Atlanta, Ga., Scholars Press.

Why millennials flock to Ocasio-Cortez https://www.bostonherald.com/2019/03/15/why-millennials-flock-to-ocasio-cortez/

Why that "distracted boyfriend" stock photo meme is suddenly everywhere https://www.vox.com/culture/2017/8/25/16200526/distracted-boyfriend-other-woman-stock-photo-meme

WILSON, F. D. S. E. P. & WILSON, P. 2003. *Sacred Signs: Hieroglyphs in Ancient Egypt*. Oxford University Press.

YOUNG, E. 1964. Sculptors' Models or Votives?: In Defense of a Scholarly Tradition. *The Metropolitan Museum of Art Bulletin*, 22, 247–256.

ZAMBRANA, R., & DILL, B. 2006. Disparities in Latina Health: An Intersectional Analysis. In A. J. Schulz & L. Mullings (Eds.). *Gender, Race, Class and Health: Intersectional Approaches*. San Francisco: Jossey-Bass. pp. 192–227

ZENG, M. L. & QIN, J. 2014. *Metadata*. Chicago, American Library Association.

ZENG, M. L. & QIN, J. 2014. *Metadata*. 2nd, rev. ed. Chicago, American Library Association.

著者紹介

2012年東京藝術大学大学院美術研究科芸術学専攻美術解剖学研究室修士課程修了．2016年東京大学医学系研究科社会医学専攻医療コミュニケーション学教室博士課程修了．博士(医学)取得．立命館大学共通教育推進機構特別招聘准教授を経て，2020年より埼玉県立大学 保健医療福祉学部准教授．

修士在学時に解剖学と美術の知識を生かし，形成外科・美容外科の医師の下，メディカルイラストの制作を担当．医療や科学分野の情報伝達におけるビジュアルの効果・役割に関心を寄せ，博士課程にて研究に従事．現在は，ビジュアルを用いた医療コミュニケーションだけでなく，ビジュアルそのものが，社会全体へ与える影響を含めた包括的な研究に従事している。

大学生のためのビジュアルリテラシー入門

2022年2月20日　第1版第1刷発行

著 者　原 木 万 紀 子

発行者　井　村　寿　人

発行所　株式会社　勁《けい》　草《そう》　書　房

112-0005 東京都文京区水道2-1-1　振替 00150-2-175253
（編集）電話 03-3815-5277／FAX 03-3814-6968
（営業）電話 03-3814-6861／FAX 03-3814-6854

三秀舎・松岳社

ISBN978-4-326-05019-2　　Printed in Japan

原木万紀子　芸術と情報のあいだ　情報を描写するインフォグラフィックスの素描　三八五〇円

横澤一彦　視覚科学　三三〇〇円

河原純一郎・横澤一彦　シリーズ統合的認知①　注意　選択と統合　三八五〇円

三浦佳世・川畑秀明・横澤一彦　シリーズ統合的認知⑤　美感　感と知の統合　三八五〇円

村野井均　子どもはテレビをどう見るか　テレビ理解の心理学　二七五〇円

上田修一・倉田敬子 編著　図書館情報学　第二版　三五二〇円

ボーデン／ロビンソン著　田村俊作 監訳　図書館情報学概論　四七三〇円

フロリディ著　塩崎亮・河島茂生 訳　情報の哲学のために　データから情報倫理まで　三三〇〇円

＊表示価格は二〇二二年二月現在。消費税（一〇％）を含みます。